68歳。 *things my loving still*
今も変わらず好きなもの

青柳啓子

主婦と生活社

はじめに

忘れられないお店があります。

30年前、東京・自由が丘に、フランスの食器や雑貨、リネンを扱うインテリアショップがあって、その店内の色合いや空気感があまりにも心地よく、料理教室の帰りに立ち寄るのが楽しみでした。

でも、いつの間にか別のお店に変わってしまい、がっかり。私が当時、求めることができたのは、淡くベージュがかった白い器、1個だけ。食器として使っていましたが、少し欠けたので愛犬マコちゃんのごはん入れになりました。そして、その店名の「Art de vivre」という文字が気になって、何年も頭から離れることがありません。

「アール・ド・ヴィーヴル」

フランス語で「暮らしの芸術」という意味？　フランス人の精神、信条、生き方？　自分らしく美意識をもって暮らすライフスタイルのこと？

「アール・ド・ヴィーヴル」という言葉は私のなかで何年も呪文のように渦巻い

て、その答えを探していました。
今日は洗濯物を美しく干せた、
キッチンに花を飾った、
雨の日にキャンドルをともした、
季節感のある彩りのいいごはんができた、
孫の写真や動画を撮るとき、愛をこめる、
ベランダをきれいに整えて外でコーヒーを飲む、
これらは、私にとっての「アール・ド・ヴィーヴル」にならない？　と問いかけてみる。

大げさである必要はなく、日常のなかで小さな工夫をしたり、小さな楽しみを見つけることが、心豊かに暮らすことにつながるのではないか。
ようやく、あの店につけられていた名前、言葉の意味、私なりの「アール・ド・ヴィーヴル」が見つかったような気がします。

青柳啓子

目次

1

Kei

今の暮らし

住まいを整え、食事と健康に気をくばり日々の楽しみを見つけて暮らしています。

ハンドメイドの講師やスタイリングの仕事で多忙を極めた30～50代を経て68歳を迎えた今、私の暮らしは家族を中心とするものに変わってきました。

孫を預かったり、親の世話をする年代になったからでしょう。これまでも家事をしながら仕事をしてきたのですが、その時間を見直して、夫や親と過ごすことを大切にしたいと思うようになりました。

結婚後、夫の転勤をきっかけに福岡から関東に移り住んだとき、最初の住まいは社宅でした。制限のある環境で自分らしく工夫して暮らすことを始めて、布花を手作りしたのも、このころのこと。やがて、布花の作り方をお教えするようになり、4ＬＤＫのマンションに引っ越して、ライフスタイルにまつわるさまざまなお仕事をするようになってからは、日々を忙しく過ごしていました。

年を経た今日、時間の使い方は変化したけれど、今も自分らしい暮らしを続け、手を動かすことは同じ。変わらずに「好きなもの」とつき合っています。

わが家のベランダで長年、育てているブドウ。長く成長したツルが壁を伝い、時季にはたわわに実をつけてくれます。ツルや葉は、食卓の彩りにも欠かせません。

リビングダイニングの窓は、南向きで、よく日が当たります。この窓にはカーテンをつけずに、常にベランダの緑が目に入るようにしています。

本で見た南仏プロヴァンスのキッチンをお手本にして取り入れた、
石造りのセカンドシンク。マンションなので排水管はベランダへ
つなげて、ちゃんと水が使える仕様に。外壁の手前に壁を設けて、
小窓も作りました。床には風合いが気に入った大理石を張って。

ジムへ行くときは、スポーツウエアのまま電動自
転車に乗って。ちゃんとプロテイン飲料を持参し
ます。荷台には、収納に使っていた籐のふた付き
バスケットを取り付けたところ、とても便利！

毎朝のバスルームでの儀式・温冷洗顔。私なりの方法は31ページでご紹介しています。そして、背景に写っているのは、実は本棚ではありません。詳しくは、62ページへ……。

ある日の朝ごはん

ふっくらとしたおいしいご飯は食事の基本。土鍋で炊いたご飯は、必ずお櫃《ひつ》に移します。和の器と畳のランチョンマットを合わせて。

- 白米と三十雑穀のご飯
- 味噌汁…昆布とかつお節の出汁《だし》
  (ミニトマト、厚揚げ、セリ、ユズ)
- 紅鮭、大根おろし、そら豆
- ひじき、枝豆
- ポテトサラダ
  (ジャガイモ、ハム、いぶりがっこ、
  クリームチーズ入り)
  紫玉ネギ、ゴーヤ
- 九条ネギ入り卵焼き、ブロッコリー、ミニトマト(緑)
- ぬか漬け(キュウリ、ニンジン、大根)
- グレープフルーツ、イヨカン

ゆでたり蒸した緑黄色野菜は常に冷蔵庫にストック。ブロッコリーやゴーヤは、小さめのひと口サイズに切り、ゆでるのはほんの数秒。歯ごたえを残して仕上げます。

気になることや、調べたことなど、何でも書きとめておく、私の「情報ノート」。まずは広告の裏紙などにメモしておいて、その紙がたまったら、ノートに書き写してまとめています。

2 Kei

暮らしの習慣

すこやかに生きるための運動と食習慣

スローガンは〝筋力アップ、笑顔をチャージ！〟

筋トレのためにジムに通いはじめて8年がたちました。週に2～3回は通って、ストレッチを含めて毎回、30分ほどトレーニングしています。

今では、毎日お風呂上がりに20回スクワットできるくらいに筋力がつきました。年齢を重ねても、行きたいところには出かけ、海外旅行もしたい。自分の足で歩きたいので、コツコツ長く続けたいと思っています。ずっと笑顔でいるために。

毎日の健康習慣

睡眠時間をたっぷりとる。朝起きたら、ベッドで両足をそろえ、1～10までの数字を描く体操をする。夜中に起きたら、口腔内の殺菌のためにうがい薬でうがいをする。街に出かけたら、8000歩を目標に、なるべく階段を使って歩く。

これらのことを習慣に、年に一度は人間ドックを受けています。脳ドック、胃カメラも一定の期間ごとに受診。「いつか時間ができたときに」と思っていると、なかなか行かないので、まずは予約をしてしまいます。家族のぶんも忘れずに。

食生活について

毎朝飲むのは白湯《さゆ》とプロテイン。白湯はグツグツ沸騰させたものを冷まして。水は１日８００㎖飲むことを心がけています。

毎日食べているのは、ブロッコリー。茎や葉の部分はスムージーにして飲みます。トマト、納豆は常備している食材。トレーニングをしているので筋肉のためにタンパク質、骨の健康のためにカルシウムをとることを意識しています。

実は、私は苦手な食べ物がありません。お肉も揚げ物もいただきますし、時には食事に合わせてお酒を楽しむことも。おいしく食事を楽しむためにも、日々の食生活は栄養バランスを気づかっています。

腸活食材「まごわやさしいとよ」

「～とよ」とは、私の地元の博多弁で「～なのよ」という意味。これになぞらえた、腸をきれいにする食材の標語です。

ま……豆（大豆、納豆、豆腐、味噌）
ご……ゴマ
わ……ワカメ
や……野菜
さ……魚
し……シイタケなどのキノコ類
い……イモ類
と……トマト
よ……ヨーグルト

食物繊維など、腸の活動を活性化させる栄養分を多く含んだ食材を、日々の食卓にのせるように意識して。わが家は外出の予定がないかぎり、1日3食作って食べます。毎日のことですから、忘れないようにする工夫です。

ある日の腸活献立

＊土鍋で13分炊き、お櫃《ひつ》に移したご飯

＊豚汁……豚肉、ショウガ、ニンジン、里芋、豆腐、シイタケ、菜の花、セリ、ミニトマト、味噌

＊焼きサバの切り身

＊ホウレンソウ（7秒ゆでて冷水にさらして水けをきり、オリーブオイルでさっと炒めたもの）。春採りワカメ（ゴマ油で炒め、赤唐辛子・塩で味つけ。ゴマをトッピング）。納豆を添える。

＊カルシウム多めのヨーグルトに、黒ゴマアーモンドきな粉と黒蜜《みつ》をかける。

お茶の時間

一日の始まりはコーヒーです。そのあとは紅茶、緑茶、ほうじ茶、ジャスミン茶など、何度もお茶をいただきます。そこで、愛用しているのは「バルミューダ」の電気ケトル。容量が0・6ℓで、2人暮らしのわが家にちょうどいいサイズ。コーヒーのドリップにも最適な、切れのいい注ぎ口が使いやすく、沸騰すると自動で電源がオフになります。うっかりしていてやかんを火にかけっぱなし、という心配からも解放され、安心。

母にも同じものを送ったら、上手に使いこなしていました。

心地よく過ごすために決めている家事について

台所仕事

夕食後のルーティンは次のとおり。

①食器を洗ったあと、洗剤付きのスポンジでそのままシンク、コンロまわりの汚れを落とし、台拭きで水分を拭き取る。使った鍋やフライパンを洗うのと同様に、「シンクからコンロまでを大きなフライパン」と考える習慣です。

②洗いかごで水をきった食器は、すぐにふきんで拭き、乾きやすいように広げておきます。この間、約3分ほど。

③そのふきんは最後、電子レンジの取っ手とガラス扉、そして中をぐるり、冷蔵庫の取っ手もサーッと拭いたら、洗濯かごにポン！

④広げて乾燥させていた食器やカトラリーを棚や引き出しに戻す。陶器、はし、保存容器のふたは乾きにくいので、朝までそのままに。

文章にすると、ちょっと面倒なようですが、毎日の歯磨きのように習慣化すると意外とラクなものです。朝起きたとき、キッチンがきれいに整えられていると気持ちよく調理をスタートできます。

包丁を夜に研ぐのは月に一度ほど。砥石《といし》を水につけ、泡がぶくぶくと上がってこなくなって充分に水を含んだ状態（約30分程度）になったら、包丁を研ぎます。砥石は陰干しして、しっかり乾かしてから収納します。

釣りが趣味の夫が釣ってきた魚を調理する機会も多いので、包丁の切れ味がおいしさを左右することを実感しています。魚をさばく際は、開いた牛乳パックの上で内臓処理をすると後始末がラクです。

端ぎれを常備

不要になった古着や寝具などは捨てずに、手ごろな大きさに切りそろえて、端ぎれとしてストックしています。食器やフライパンの汚れをこの端ぎれで拭き取ってから洗うのも、私の決め事。残ったスープなどの汁ものは、新聞紙で吸い取って、なるべく少ない洗剤で食器を洗います。キッチンの排水管をきれいに保ちつつ、川や海に汚れと余分な洗剤を流さないことを心がけて。

ラベリング

冷蔵庫の中の食品に、名前・賞味期限を書いたラベルを貼る。または作った日付けのラベルを貼る。ドレッシング、ソース、チューブのワサビなど、調味料の容器にも、賞味期限を大きく書いたラベルを貼ります(94ページの写真)。

市販の調味料の容器には賞味期限が書かれていますが、小さな文字で読みにくいので、ラベルシールに大きく書いて貼っておくと安心なのです。

冷凍庫の中の食材には、容器や袋にそれぞれ名前を書いてムダなく使えるようにすることも、忘れずに。

また、冷蔵庫にストックする際は、なるべく中身の見える容器を選んでいます。「ジップロック」のコンテナや、「アルク」のガラスのジャムジャーがお気に入り。同じシリーズの容器なら、見た目にもすっきりして、重ねやすいこともメリットですね。中身が見えることは調理の動線をスムーズにしますし、何より、家族も迷わず目当ての食品を見つけることができるので、率先して食卓に運んでくれたりと、うれしい効果もあるんです。

掃除

窓ガラス、鏡をガラス用スプレー洗剤と柔らかいタオルで磨き、いつも曇りのないようしています。同じタオルでスマホの液晶画面もきれいに。タオルは白とグレーに決めています。ふきんは白（「中川政七商店」の花ふきん・白百合）、台拭きは黒（100円ショップのミニタオル）を使っています。

夜の洗濯

入浴のあと、夜の10時くらいまでに洗濯をして、室内干しをするのが日課。翌朝、ベランダで朝日に当てて乾かし、午前中に取り入れて、たたんで終了。

夜の時間を利用すると、日中、ベランダに洗濯物がはためいていることがなく、植物の景観を楽しむことができます。

わが家はリビングの窓にはカーテンをつけていません。周囲から室内が見える環境ではないので、いつでも空の景色の移り変わりや、グリーンを眺められるようにしたかったのです。だからこそ、夜の洗濯は欠かせない日課です。

アイロンがけが好き

さらりとしてナチュラルな風合いの、リネン（麻）の生地が大好きです。シーツ、ソファカバー、キッチンクロス、カーテン、ハンカチ、さらには筋トレの際に着るウエアにいたるまで、すべてがリネン生地のため、アイロンでシワを伸ばすことは欠かせない習慣。

瞬時にアイロンセットを出せることが肝心なので、アイロン台は使用せず、専用のマットを使っています。シート状のマットで、コンパクトに折りたためるため、ダイニングテーブルに広げて、ゆったりと作業。ピシッとシワが伸びたファブリックは気持ちがよく、アイロンがけは好きな家事の一つです。

住まいのこと

ベランダは小さな庭

植物の水やり、手入れは毎日の楽しみの一つ。季節をいち早く感じたり、植物の生命力に感心したり、目を使いすぎたときの気分転換の場所です。窓の向こうにやさしく緑が揺れているのは、心がやすらぐ景色です。

もう何年も、わが家のベランダでは、オリーブ、野ブドウ、ローズマリーなどのハーブを育てています。一般的なマンションサイズのベランダですが、大好きな南仏を身近に感じていたいから。オリーブは毎年３００個の実がなるほどに成長して本当にびっくりしています。野ブドウの実は、自然から贈り物をいただいているかのようにきれい。いずれも鉢植えですが、日当たりがいいせいか、みんな元気。グリーンの水やりには、お米のとぎ汁を利用しています。

グリーンを絶やさない方法

アイビーは私にとってお助けグリーン。生花が枯れて次の花を買う間、アイビーだけはきちんと瓶の中に根を伸ばして、室内に潤いを与えてくれます。小さな苗でいただいたアイビーをベランダのオリーブの大きな鉢に間借りして植えたら、グングン育ちました。先端の茎を切って瓶に挿して根が出てきたら、大成功！　根が出ない場合も多いけれど、何度もやっていると、そのうちうまくいくから平気。植物も生きているのですから、何事もやってみることです。

キャンドルをともす

毎日夕方6時にはキャンドルをともします。ベランダの木の枝に下げたカンテラに1個、窓辺に2個、リビングの家具の上に1個。雨の日は朝からともします。

100円ショップで購入したティーライトキャンドルで、1個にすると7円ほど。燃焼時間約3〜4時間だから、夜9時から10時には自然に消えます。

キャンドルの炎は気分を落ち着かせてくれますし、陰影によって室内の雰囲気が変わるのも好き。家で過ごす時間が長い暮らしにはおすすめです。

身につくのは、自分に合った習慣

ふせん

私は何でもメモをとることを習慣にしています。気づいたこと、調べたいこと、なにげなく思いついたことは、手近な紙に書きとめるのです(16ページの写真)。そんな私にとって、短期的な覚え書きに重宝しているのが、ふせん。月の予定をカレンダーに記入してから、さらに洗面所の鏡に、ふせんに書いたものを貼るのがルール。買い物リストもふせんに書いて鏡に貼り、歯磨きや化粧をするときに見て確認。それをはがして買い物に行くと、買い忘れも防げるというわけです。今はスマホといった便利な機器があるけれど、私には、長年身についた「メモをとる」「可視化して常に確認する」というのがちょうどいい。

テレビ番組は録画してから観る

私の情報収集の一つは、テレビの情報番組。ですが、一日じゅうテレビをつけっぱなしにすることはしません。毎晩、翌日の番組情報を確認して、気になる番組を予約しておき、時間のあるときにまとめて観るようにしています。テレビの前に置いたテーブルの引き出しにメモ用紙と鉛筆を入れておき、必要なことを書きとめられるように準備して。

美容のこと

スキンケアは、美容液、シワ用のリンクルクリーム、オールインワンジェルをたっぷりめに塗ります。乾燥、紫外線に気をつけるといった一般的なことですが、洗顔にはこだわりがあります。

毎朝、儀式のように実践しているのが、電子レンジで温めた蒸しタオルを顔から首に1分ほど当て、そのあとあらかじめ氷を10個ほど入れた洗面器の氷水で洗顔して肌を引き締めること。

温冷の洗顔方法は血行を促進してくれて、すっきりと目覚められます。そういえば、この方法も以前に雑誌で見つけた情報で、切り抜きを取っておいて、取り入れてみたことでした。

好きだからメイクは毎日する

メイクは、まずリップクリームから。雑誌の撮影時にメイクさんが初めにリップクリームを塗ってからメイクを始められたことがあって、それ以来、少しでも唇をふっくらさせて口紅がきれいにのるように続けています。

夜、トイレに起きたとき、手を洗ったらハンドクリームを塗ります。台所仕事などで乾燥する手を保湿するためにも。ちょっとした手間ですが、何事も、毎日続けることが大事だと思っていますから。

3
Kei

心に留めていること

私は家族のために、ここにいる

夫とケンカすることを避けない

私たち夫婦は、お互いに多忙な時期を終え、一緒に過ごす時間が多くなりました。今は2人の時間を大切にしたいと考えています。会社勤めをして頑張って家族を支えてきてくれた夫、クリエーターの仕事に邁進してきた私。それを経て、今は家のことを一緒にしたり旅に出たりと、2人の時間を共有しています。

だから、言いたいことは隠さず伝える。夫の言いたいことを引き出せるメリットもあるから、とことん話をする。

そのぶん、なるべく早く仲直りするために、ごはんは毎日変わらずに作ります。

夫を家事に巻き込む

家で夫婦ともに過ごす時間がふえてから始めたのは、夫に家のことに協力してもらうこと。

①ご飯を炊く。②味噌汁を作る。③うどんを作る。この3つだけは自力で作れるように練習してもらったのです。

①私……といだ米を30分水につけて土鍋に入れる
夫……土鍋を火にかけて、中火10分＋とろ火3分で炊飯
②夫の「よーいドンの味噌汁」……鍋に水、パックまたは粉末の出汁《だし》、スライスした玉ネギや大根、味噌など、とにかく全部の材料を入れてから点火する
③冷凍うどん、トッピング用の卵、さつま揚げ、かまぼこ、とろろ昆布、刻みネギなどを常備しておく

円滑に進めるために気をつけているのは、夫が取り組んでいるときに「この出汁は昆布がいい、あるいはかつお節がいい」などと細かく言わないこと。

こうやって繰り返していくうちに、味噌汁とうどんは私が寝込んだときに作ってくれるほどに上達。私が作る味噌汁よりおいしいくらい。

22ページでご紹介した「バルミューダ」の電気ポットのおかげで、お茶やコーヒーも夫が自発的にいれるようになったのは、うれしいことです。

暮らしとともに変わる家電の選び方

家電を買い替える機会は頻繁には訪れないもの。家族にとってそのときの使いやすさが重要だと思います。

冷蔵庫などは、買い替えたいと思ってから7〜8年は待ちました。探していたのは、野菜室が本体の真ん中にあるタイプ。多くの冷蔵庫は、冷蔵室、冷凍室、野菜室の順番で、なかなか希望の冷蔵庫に巡り合えずに、ずいぶん時間がたってしまったのです。

そこまで待った理由は、野菜室がいちばん下にあると、日に何度も冷蔵庫の前で腰をかがめることになるし、それで調理がおっくうになるのを避けたいから。日々の食事で野菜を積極的にとるためにも、〝真ん中野菜室〟を探して、ついに「パナソニック」で理想の冷蔵庫を見つけました。

洗濯機は洗剤自動投入タイプを選択。洗剤を量る手間がないので、電源を入れ、スタートボタンを押す、これだけで完了です。夫もラクラク洗濯に参加できます。洗剤の入れすぎや液ダレもないため、余分な掃除も省けます。

掃除機は紙パックなしのコードレスタイプです。洗面所の壁にかけているので、ワンアクションで手に取って、掃除をスタート。重い機体を連れまわしての移動は、家具や壁にぶつけたり、コンセントを部屋ごとにつけ替えたりといった難点が。それを解消するために、「ダイソン」のコードレスタイプのクリーナーを愛用しています。これで、こまめに掃除機をかけるのが苦になりません。

自分以外の家族が気軽に使えることも考えて、選んでいます。

離れて暮らす高齢の親との時間をつくる

私の生まれは福岡です。母親は現在89歳で、地元で一人暮らしをしています。

福岡には弟たち家族が暮らしていて、いろいろと面倒をみてくれているので安心ですが、母と過ごす時間をつくるため、3カ月に1度、9日間ほど福岡に帰るようになりました。

帰省してすることは、一緒に出かけて買い物や食事をしたり、料理を作って一緒に食べたり。以前は週に1～2回だった電話も、今は週に6回と、ほぼ毎日のように声を聞いています。

母娘2人でフランスへ旅をして、母の80歳の誕生日を、パリ「オテル ドゥ クリヨン」のメインダイニングで祝ったことがあります。高齢の母を連れての旅行でしたが、知人から「親が1歳でも若いときに行ったほうがいいよ」と聞いて、念入りな下調べに心を注いだものです。

友人と旅したときに、パリのキオスクで買った地図を拡大コピーして、行き先やメトロの駅を調べ、効率よくまわる計画を立てました。もちろん、日本食レストランも確認して。ヴァンヴの蚤《のみ》の市に行ったり、シテ島では人気のジェラートを食べながら歩いたのも、いい思い出です。

今ならスマホ片手にたどり着けるかもしれないけれど、当時はそんな機能もなかったので、事前にひたすら自分で調べてから行ったのです。

現在、調べているのは、母が入る場合の介護施設について。

同世代の友人たちから、なるべく多くの施設を見学したほうがいい、とアドバイスを受け、早めに動くことにしました。

自宅で暮らせる間は、自由な自宅で。それが困難になった際にあわてないように、あらかじめ施設を念入りに調べておくことは必要だと考えたからです。施設に行かずに済むかもしれませんが、介護のプロにお任せしなければならなくなった場合を想定して、候補を2カ所ぐらいには絞っておこうと決めて、一昨年からネットで検索しています。

が、これが大変。施設がたくさんありすぎて、形態もさまざまなので、比較するのが難しいのです。毎日、真剣に検索しているうちに疲れてしまったほど。

それからは、資料を取り寄せて検討を続けることにしました。

今は検討した施設のうち、3カ所を見学したところ。遠く離れて暮らしていると、なかなか思うようにはいきません。けれど、こうして調べていることで、離れて暮らしていても母と向き合っているような気がします。

78歳になった夫も含め、2人の息子たち家族、最近近くに引っ越してきた夫の姉たち。それぞれとふだんから連絡は進んで取るようにしています。特別なことをしているわけではないけれど、何かあったときはすぐに対応したいと思うから。でも大切なのは、無理なくほどほどに。

家族の誕生日や記念日には、LINEか電話をお互いにするようにしています。

調べること

情報ノート

いつの日かに備えて、あらゆる情報を得て備えています。情報源はテレビ、雑誌、新聞、インターネットなど。さまざまな病気の名医の名前、病院名、薬名などをメモしています。さらには、おいしそうな食べ物、お店の名前、場所、お取り寄せの情報も。フランス、イタリアのお店や地名などもメモして、いつか旅することの楽しみもためているのです。

料理ノート

テレビの料理番組のメモや雑誌の切り抜きがたくさんたまっていて（大きな袋に詰まっています）、コロナ禍の自粛期間中に、一気にノートにまとめました。録画したテレビの料理番組を見ながら、作り方を広告用紙の裏などに走り書きをして、ためて、それをノートに清書する、というのが私のプロセスです。自分のレシピもあるけれど、ほとんどが料理研究家やプロのレシピです。

そして、大事なのは、実践してみること。

たとえば、魚の煮つけにしても料理人によってレシピはさまざま。試してみて自分の好みのレシピに絞り込むようにしています。消したり書き替えができるように、すべて鉛筆書きなのも、そのため。

ゴボウを5㎝長さの爪楊枝サイズの細切りにする和食店のきんぴらゴボウ。有塩バター、昆布出汁、ガーリックパウダー、レモン汁、一味唐辛子、しょうゆを入れるという、自由が丘のレストランのたらこスパゲッティ。何度も作っておいしかったレシピは、今はわが家の人気メニューになっています。

母に送る冷凍総菜を探し求めて、東京じゅうのデパ地下を大研究したことも。冷蔵品だと賞味期限が短いため、ブロッコリーやニンジンが添えてあるハンバーグや長崎の蒸し寿司、茶碗蒸しなどの冷凍食品を購入。手作りのロールキャベツやカレーは冷凍庫で凍らせて、一緒にクール便で送ると喜んでくれています。

ショップめぐり

アンティークショップなら、東京・自由が丘の「ブロカント」、不動前の「オルネ ド フォイユ」、福岡の「クランク」と「マルチェロ」。雑貨ショップなら表参道の「H・P・DECO」、フラワーショップなら南青山の「カントリーハーベスト」は、いつものぞきたくなるお店です。

伊勢丹新宿店は、今のトレンドやおいしいものをいち早く取り入れているから周期的にチェックするようにしています。地下の食料品売り場では、干物と名古屋コーチンの砂肝のレモンペッパーは必ず購入。わざわざ白金高輪に買いに行っていたバスクチーズケーキの「GAZTA」や、青山にあった「RITUEL」も入っているから、エスカルゴショコラピスターシュも買えてうれしいのです。

最近はパン屋さんをのぞくことが多くなりました。「渋谷ヒカリエ」の「ル パン ドゥ ジョエル・ロブション」のフォカッチャ、広尾の「トリュフベーカリー」の白トリュフの塩パン、渋谷の「ヴィロン」のバゲットレトロドール、そして表参道の「アマムダコタン」の明太ペペロンチーノバゲットと、中目黒の「アイムドーナツ」の生ドーナツには目がありません。（2023年現在）

調べることが好きだと、おいしいものに巡り合う幸せも待っています。

電動自転車でどこまでも

車の免許はとうの昔に返納しました。これからは自転車で、と決めた矢先、踏み切りの手前でバタンと自転車ごと転倒したことがありました。それ以来、自転車に乗るのをやめてしまったのですが、60歳の還暦のお祝いに電動アシスト自転車を息子がプレゼントしてくれたのです。両足がすぐ地面に着く小ぶりのタイプで、駐輪場にもスイッと入れられるのが気に入っています。

これで活動範囲が広がりました。最近のメインスイッチには時計がついているので走行中に時間がわかり、すごく便利。荷物かごは家にあったふた付きの収納バスケットをワイヤーでとめて使っています。

気になる場所や、おいしいと評判のものを求めに出かけるのに、自転車のおかげでフットワークが軽くなりました。

自分を励まし、律する好きな言葉

「たかが主婦、されど主婦」

たとえば、ワイヤークラフトがライフワークだった私なら「たかがワイヤー、されどワイヤー」と言葉を当てはめて、自分を励ましてみます。

たった1本の金属の線ですが、これをさまざまに変形させて形づくることで、私の創造の世界は広がりました。主婦という立場も同じ。

今は「たかが68歳、されど68歳」ですね。

「Never put off till tomorrow what you can do today」

意味は、「今日できることを明日に延ばすな」。

これは、かのアメリカ大統領リンカーンの名言ですが、テレビを見ていて、ある芸能人の方が、寝る時間を少し先延ばしして勉強していることを知り、人より抜きんでているのは隠れた努力があるからだと納得しました。それ以来、今日できることを明日に延ばさない、いつかしようと思わず、寝る前の時間に少しだけ隠れた努力をする、ということを始めました。

それが仕事の準備なら翌日の段取りがスムーズになるし、家事だったら翌朝の時間に余裕が生まれる。かつて息子が、「中学受験のころ、遅くまで勉強していたら、お母さんもずっと仕事をしていたことを覚えている」と言っていました。私は夢中で布花を作っていただけなのですが……。

今は、かなりのんびりするようになりました。でも人に与えられている時間には限りがあるから、自分の人生の残り時間をコントロールして、今できることを将来に延ばさないようにしたい。いつかやろうと思わないこと。

漫然と過ごすことがないように——年を重ねるごとに身にしみる言葉です。

「If」

「もし、これがなかったら」「もし、この人がいなかったら」「もし、こうでなかったら」と、仮定してみる。

どんな存在に対しても素直な気持ちでありがたいと思えたり、今、自分に与えられている環境への不満があるなら、それが和らぐ考え方です。心をすこやかに保つためにも、常に自分に問いかけたいフレーズ。

「われ以外、みな師」

縁があって出会うもの、出会う人すべては自分の師と考える、という教えは、そのモノ、その人のいい所を感じ取る意識をもつことにつながります。

そう意識することで、どんな出来事もムダではなく、何かしらの学びを得られると思うから。

自分なりの美意識をもって

・食事は腹八分

・自分の体形と肌に責任をもつ
・姿勢を正しく保つ
・一人の時間を大切にする
・まわりへの思いやりと気くばりを忘れない
・自分がいちばん正しいと思わないように、時に立ち止まる
・笑顔を心がける
・こだわりすぎない、ほどほどに、物事にとらわれない
・悩みはとことん悩む、人の意見も聞いてみる
・小さな幸せを見つける想像力を働かせる

これらも、いつも自分に言い聞かせている事柄。私なりの美意識です。

たとえば、「笑顔を心がける」。これは、元気がないとき、あえて口角を上げて笑顔でいると、脳が錯覚してテンションが上向きになるというのを知って、実践していること。

どんなことでも、いつも心がけていることで身につくと思っているのです。

4

Kei

今も変わらず好きなもの

item
I

ドイツのフライパン「ターク」

German frying pan "turk"

「ちょっと重いかな？　オーブンに入るかな？　ずっと悩んできましたが、もっと早くから使えばよかった。グンときれいな焼き色に仕上がるんです」

このたたずまい、美しいでしょ？　白いキッチンに鉄の黒が加わって、インテリアが引き締まった気がします。料理はこんがりとおいしそうに焼け、今や私のタフな相棒です。

その相棒とは「ターク」のフライパン。ドイツ製で、熱い鉄をたたいて形づくる伝統技法を守りつづける手仕事の品。たたずまいからは職人さんの誠実な姿が垣間《かいま》見え、即座に私はひと目ぼれしました。なのに、何年迷ったことでしょう。〝重いかな？　ほかにも鉄のフライパンをもっているし……〟と考えると、購入までに踏んぎりがつかなかったのです。

あるとき客観的に見直してみました。重さを量ると、ご飯を炊く土鍋は3・8kg、スキレットは2・4kg。

それにくらべて「ターク」は1・8kgと思ったより重くないではありませんか。

1857年、ドイツの鍛冶職人が創業し、職人の手でフライパンを作りつづける「ターク」。6号(直径28cm)、28600円。キッチンの壁にかけて収納しています。

もう一つの案件についても、わが家定番の豚丼専用フライパンがあるのと同様、それぞれに役割分担してみました。すると「ターク」は、ステーキなら2枚、餃子なら12個焼くのにぴったり。なんだか、あっさり解決ですね。

使いはじめて、父を思い出しました。DIYが得意で、暖炉やダブルベッドなども手作りする父。厚手の鋳物のフライパンで、よくスクランブルエッグを作ってくれたことは大切な記憶。

今から思うと、黒いフライパンが父のこだわりだったのかもしれません。

ザッカワークス
東京都千代田区神田小川町 2-12 信愛ビル４F
☎03-3295-8787
https://www.zakkaworks.com

使い始めの焼き慣らしも簡単。長い柄の持ち手は熱くならず(使用時間によるので注意)、底にこびりつくこともなくて、おいしく調理できます。思い出のスクランブルエッグも、ふんわり。

item
2

「リネンバード」の
フィヨルド／オイスター

「ふんわりやさしいリネンの布が白い世界を生み出します。あの日目にした、憧れの空間のように…」

東京・青山のブティックの一角に真っ白な世界が広がっていました。

それを作ったのは南仏のデザイナー、ジャクリーヌ・モラビトさん。〝フレンチリヴィエラの白いオアシスを生み出す妖精〟と呼ばれている方です。天井から幾重にも垂らされた白い布はドレープが美しく、その中に包まれるように置かれたのは真っ白なダイニングセット。優美なたたずまいに、ワインやオリーブとともに催される、気品あふれるパーティのさまを想像せずにはいられませんでした。もうかれこれ22年ほど前のことですが、いまだ冷めることなく、私の体感の記憶として残っています。

それとほぼ同時期に出会ったのが、「リネンバード」の「フィヨルド／オイスター」という布です。リネンのやさしい張りとやわらかな手触り、軽やかな透け感に魅了されました。そう、これでジャクリーヌさんのような、白い空間をつくりたい！ 私の気持ちが一気に高ぶったのもわかるでしょう？ リビングの間仕

上／当時のジャクリーヌさんのインスタレーションの案内は、今でも大事に保存。下／ベランダのミントを摘んでカールワイヤーでつなげ、さわやかな香りを楽しみます。

切りに、テーブルクロス、パントリーの目隠しにと、少しずつ買い足していくことに。イベントにも使いますから、使っては洗うのを繰り返すうちに、ガーゼのようにやわらかくこなれて、やさしい白になりました。

何枚使っても印象的に映してくれるのは、この布のもつ力。ジャクリーヌさんっぽく見えますか？

リネンバード 二子玉川
東京都世田谷区玉川3-12-11
☎03-5797-5517
http://www.linenbird.com/

ここに使った布は、約２m を４枚。布の落ち感、ドレープの優雅な流れが、白い世界の趣を深めています。
140cm幅　4950円／m

item 3
「ラプティット エピスリー」の調味料

「わが家の定番調味料としてはもちろん キッチンに並んだ姿も好き」

私が長年愛用しているのは、地中海の恵みを受けた家庭料理の調味料、「ラ プティット エピスリー」(フランス語で小さな食材店)のオリーブのオリーブオイル漬け、ホワイトバルサミコビネガー、ソルトタブレット。

前述した南仏のデザイナー、ジャクリーヌ・モラビトさんがプロデュースするオリーブオイルのブランドのお店のものです。

白い布を張りめぐらせた空間に魅了されて以来、ジャクリーヌさんのライフスタイルに注目していた私は、インテリア写真のなかにあった木製のキャンドルスタンドに触発され、粘土でキャンドルスタンド作りにトライしたりもしました。

東京に「ラ プティット エピスリー」がオープンしてからは、たびたびお店に通うようになって、もう10年以上リピートしつづけています。

特にお気に入りなのは、タジャスカ種の小粒のオリーブのオリーブオイル漬け。

これは、切らしたことがないほどのわが家の定番中の定番。ちょっと塩味が効いているので、お酒のおつまみにはもちろん、おにぎりの具にしたことも。丸いソルトタブレットはシチリアの海の塩。たっぷりのお湯でパスタをゆでるときにポンポンと入れるのが楽しい。

リビングを望めるキッチンカウンターに作った小さな窓辺に並べると、シンプルな赤いフランス語のロゴが映えます。素敵なボトルは食卓に持ち出して、各自お好みで使ってもらうのもいいですね。ホワイトバルサミコビネガーはガラスボトルに入れ替えて、誰にでも中身がわかるようにラベリング。以前に購入したオリーブオイルの陶製ボトルは、今は詰め替え用に愛用しています。

インテリアだけでなく、食の面からもジャクリーヌさんのシンプルで上質なものを追求する姿勢に刺激を受けているのです。

ラ プティット エピスリー
東京都目黒区鷹番 1-6-9
☎03-5721-3738
http://www.setrading.com

白バルサミコ500mℓ 3240円、ブラックオリーブオイル漬け2592円、ソルトタブレット3888円。

item 4

「WALPA《ワルパ》」の壁紙

「洗面所に立つたびに鏡に映り込む壁紙のあたたかな雰囲気が好きです」

洗面所の鏡の前に立つと、本棚が映り込んで、バスルームというよりはまるでリビングにいるようなあたたかな雰囲気を感じます。

実はこれ、お風呂のガラスドアが冷たい印象だったので、本棚の絵柄の壁紙を張ったもの。

11年前、渋谷のアパートの2階に「ワルパ」がオープンしたことを知り、キッチンや玄関の内扉に、ピート・ヘイン・イークデザインのスクラップウッドの壁紙を張りたい一心で出かけました(現在は恵比寿に移転)。そこで出会ったのが、フランスのデザイナー、コジエルさんの本棚柄の壁紙。以前、NHKの番組「あさイチ」のグリーンスタイルというコーナーに出演させていただいた際、わが家のインテリアをご紹介したのですが、「本棚の壁紙は、立体感がありますねえ!」

と驚かれました。1冊1冊の本の色合いや陰影も素敵な、お気に入りの柄です。

わが家には、ほかにも玄関のドアやキッチンのシンク下の扉などに壁紙を張っています。どれも「ワルパ」のものですが、張り方には私なりのこだわりが。場所に合わせて、シートのなかから使う箇所を選び、色を合わせたり、板の継ぎ目をカットするなどしてはぎ合わせているのです。両面テープを使っているので、いつでも張り直しができて簡単。

1面に張るだけで雰囲気が変わるのが、壁紙の魅力です。気軽にプチリフォームを始められますよ。

もとは文字のない本の背表紙に、古い洋書の文字を切って貼ったもの。53cm幅を2m購入し、幅の足りない部分は、スクラップウッドの切れ端を足して。

WALPA store TOKYO
☎03-6416-3410
https://walpa.jp/

WALLPAPER MUSEUM WALPA / OSAKA
☎050-3538-8903

玄関ドアの内側。板の継ぎ目の黒いラインを除くために、スクラップウッドの壁紙をカットして張り、やさしい印象に。

"Santa Maria Novella" pot pourri

item
5

「サンタ・マリア・ノヴェッラ」のポプリ

「甘さ控えめでエキゾチックな顔ものぞかせる神秘的な香りのポプリ。とっておきの香りのおもてなし」

もうかれこれ20年以上愛用しているでしょうか。もとはといえば、東京・恵比寿にあるアンティークショップを訪れたときのこと。扉を開くと、ぱっと涼やかな香りがお出迎えしてくれて、一気にフランスやイタリアへ旅したような気分になりました。甘さは控えめで、厳粛な修道院を思わせる、エキゾチックな印象がある香りです。

すぐ店主さんに聞きました。すると彼は棚の上からほうろうのトレイを下ろし、見せてくれました。中にはポプリがたっぷりと。何年も買い足して、そんな量になったそうです。なんだか素敵ですね。花びらはもちろん、細かく砕かれた葉っぱや木の実も入っています。しっとりとして、手で触るとふわっと香りが立って、また優雅。購入先をうかがって、その足ですぐ買いに向かったのを覚えています。

そのお店の名は「サンタ・マリア・ノヴェッラ」。イタリアのフィレンツェが本店で、起源は1200年代にさかのぼる世界最古の薬局です。自然の草花やハーブから作った薬剤や香りの製品は「癒やしの芸術品」として、貴族の人たちに愛されてきました。素材にこだわり、すべて天然に栽培されたものを使います。レシピは昔から同じくていねいに。しっかりと伝統に根づき守られているからこそ今に伝えられる、極上の香りなのです。

それ以来、すっかりわが家の香りになりました。香りが薄くなってきたな、と思ったら買い足しています。年に3回が目安でしょうか。小さな布袋に入れて玄関に置き、ウエルカムの気持ちを香りで表現したり、トレイの上にディスプレイしたり。キャンドルや季節の生花と合わせることも。香りが飛んだポプリは、恵比寿のお店を真似て、ほうろうのジャグやプロヴァンスで買ったお気に入りの壺《つぼ》にためています。

新鮮な香りがあるときはもちろん、香りが薄くなってからも、豊かさと安堵《あんど》感を与えてくれるポプリ。イタリアの老舗が受け継いできた伝統と、自然のもつやさしく強い包容力のおかげだと思います。

サンタ・マリア・ノヴェッラ銀座
東京都中央区銀座6-8-17 千年銀座ビル1F
☎03-3572-2694
https://jp.smnovella.com

フランスの蚤《のみ》の市で買ったお皿に
入れて。ポプリになった草花、木の
実そのものが絵になります。小さ
な刺しゅう見本を一緒に飾って。

item
6

「シモジマ」のクリスタルボックス

「残しておきたいものを美しく収納できたらずっと大切にできます」

7年ほど前に、写真、カード類、アクセサリー、はがき、年賀状などを数カ月かけて整理し、きれいに納めることができました。それも、この「クリスタルボックス」を買い込んだおかげ。

以前、手作りのコサージュを入れる透明なパッケージを探しに浅草橋に行ったときのこと。円形、楕《だ》円形、正方形、長方形とさまざまな形とサイズの「クリスタルボックス」があるなかで、ふたが閉めやすく多目的に使えそうな、はがき用を購入しました。はがき類のほか、作製途中の布花のパーツなども分類して収納してみると、透明なボックスは一瞬で中身がわかるので、探すのもラクなことがわかりました。

いちばん整理できたのが、息子たちの子どものころからの写真。これまでアルバムに納めていたものをコンパクトにまとめ直したら、かさばるアルバムも処分できてすっきり。ひと箱ごとに小学校、中学校時代と分けて渡したので、写真をデータ化するなど、あとは自分たちなりの方法で保存してくれるでしょう。

私は写真としても残しておきたいので、ボックスごと「無印良品」の引き出しに収納しています。形のそろったケースで整理されているのを見ると、とてもすがすがしい気持ちに。そして、ときどき写真を手に取って眺める――そんな時間もまた、大好きなのです。

上／はがき用１ケースには写真120枚ほどが入る。15.5×11×３㎝。１箱￥184。下／「無印良品」の収納ケースにきっちりと収納されると、気持ちいい。

アクセサリーは種類別に分ければ探す手間が省け、持ち運びもラク。不定形なものや壊れやすいものでも、形に合わせて選べる豊富さがうれしい。

シモジマ オンラインショップ
https://shimojima.jp/shop/default.aspx
全国に約270店舗展開

item
7
安藤雅信さんのオランダプラター皿

「器に触発されて、料理をおろそかにできないと考えるように。白い器のたたずまいには、そんな力があります」

ある日、NHK 美の壺《つぼ》スペシャル「現代のうつわ」に陶芸家の安藤雅信さんが出演されているのを見ていたときのこと。17世紀オランダのデルフト焼を写した代表作「オランダ皿」を、今でも大切に作りつづけていることを知りました。

それ、私ももっている！　もう17年も使っていて、わが家の定番になっているオーバル皿を、食器棚から取り出しました。1枚は安藤さんの工房を取材で訪れた際に購入して、もう2枚は、知り合いのカメラマンさんにお願いして後日、買ってきていただいたものです。

当時は、安藤さんが開いている「ギャルリ百草」もしくは、作品展でしか手に入れることができませんでした。とても手間のかかる作り方のため、工房の棚には待っている注文主のお店の名前がずらり。今はネットで購入できるなんて素敵なことですね。

私がこのオランダプラター深皿にひかれたのは、テーブルの上で場所をとらず控えめ、それでいて造形的な美しいたたずまいが、なにげない料理に品格を与えてくれるから。だから、つい出番も多くなります。

器の色と質感、かっちりとしていない揺らぎを感じる印象的なフォルム――。器に触発されて、料理をおろそかにできないと考えるようになりました。小さな欠けをサンドペーパーで磨きながら一緒に歩んできた時間を思うと、器もまた大切な家族の一員なのだと感じます。

上／器としても使う一輪挿し。口の上に葉を1枚敷いて、ちょっとしたおつまみを盛りつけて。下／なにげない料理に品を与えるプラター皿。幅22×奥行16×高さ3.5cm。

角皿なのに少し湾曲したフォルムで、
やわらかな印象を感じさせるところ
もお気に入り。

ギャルリ百草
岐阜県多治見市東栄町 2 - 8 -16
☎0572-21-3368
https://www.momogusa.jp

item
8

「クランク」の滑車の照明

「マンションの玄関にともるほのかな灯《あか》り。この照明のおかげで、この場所がもっと好きになりました」

フランスの古い家具や雑貨を取り扱う、福岡のショップ「クランク」と「マルチェロ」。その空気感に魅了され、あの空間に身を置きたくて、福岡に帰るときは必ず足を運びます。

独特の雰囲気にひと役買っているのは、滑車のついた「クランク」のオリジナルの照明。そう気がついた私は、3種類の照明を手に入れ、2つを私がプロデュースしたモデルハウス「BLANC」に、1つはわが家の玄関に取り付けました。「クランク」の照明は、仕事や作業の場を全体的に明るく照らす役割の照明とはまったく違う、キャンドルのようなほのかな灯りです。シンプルな陶製のソケットと裸電球、そして、木の滑車で長さを変えられるコードだけ。このシンプルで中性的な姿が潔く、すがすがしく感じられます。

マンションの暗い玄関、という何でもなかった場所が、その〝ほのかな灯り〟で新しい空間に生まれ変わりました。暗がりのなか照らされるのは、ごくわずかな範囲。灯りが届かない場所を含めた空間は、光と影の織り成す陰影の美しさに気づかせてくれます。

静謐《せいひつ》とも違う、簡素とも違う――。玄関、廊下の片すみ、階段の脇、リビングの奥など、少し暗い場所でこそ生きる照明は、どんな住まいにも生かすことができるはず。わが家の玄関に、ほんのひとカケラではありますが、「クランク」の空間を再現できたと思うと、玄関を眺めるひとときがうれしくなりました。

滑車にコードをかけて、吊り下げる長さを調節。近くにコンセントさえあれば、簡単に設置できます。電球はベビーボール球の25Wと、ワット数は控えめ。

クランク
福岡県福岡市中央区警固３-１-27
☎092-724-3250
https://krank-marcello.com/

アンティークの本を照らす素敵な情景がつくれる、譜面台型の照明。伊勢市の「BLANC」の玄関ホールからわが家に戻ってきました。

item 9

「アスティエ・ド・ヴィラット」の器

「パリの土を使ってパリで焼かれた白い器。シャビーな家具に似合います」

パリのルーヴル美術館にほど近いところに、「アスティエ・ド・ヴィラット」の本店があります。ガラス扉を開けると白い器が整然と並べられていて、そのたたずまいは私にとって、さながら美術館のよう。

釉薬《ゆうやく》はほうろうのようなクールな光沢、なのに手のひらにのせると、陶器のあたたかな趣。手の跡が感じられる形でありながら、洗練されたデザイン。気品が漂い、一つひとつ眺めていると豊かな気持ちになります。

アスティエとの最初の出会いは、代官山のセレクトショップ「アーツ&サイエンス」に置かれていたショコラカップ。思いきって購入して、ドキドキしながら胸に抱えて持ち帰ったのを覚えています。

食器でありながら石膏《せっこう》像を思わせる芸術的な存在感にひきつけられました。

その後、「オルネド フォイユ」でアスティエの器をたびたび見かけるようになり、少しずつ買い求めるようになりました。セレクトされたなかでも私が好きなシリーズは、シンプル。装飾がないものが好みです。

季節の花をコーディネートしたり、昼下がりのティータイムに、クリスマスはもちろん、お正月には黒い漆器と合わせたりと、日本のものとも相性がよくて、10年以上たった今も変わらず、懐の深さを感じます。

そして、アスティエの器を収納しているグリアージュ(金網が施された)の棚も「オルネド フォイユ」で見つけたフランスのもの。水色がかったグレーの棚に、白いアスティエが並ぶたたずまいには、心がときめきます。

ティータイムのカラフルなスイーツやフルーツを引き立ててくれる魔法の器。おもてなしに役立ちます。

これがショコラカップ。スミレのように背が低く、小さく楚々とした花が似合います。

オルネ ド フォイユ
https://www.ornedefeuilles.com/
東京都品川区西五反田5-21-19

item
10

「ビュリー」の水性香水とボディオイル

「好きな香りを見つけるのは出会いと同じ。ふわりと香るたび、幸せを感じます」

気に入った香りにはなかなか出会えないので、いつもなにげなく探しているものの一つ。アルコールを含まない自然素材から作られた水性香水に興味がわき、たどり着いたのが、パリの歴史ある総合美容専門店「オフィシーヌ・ユニヴェルセル・ビュリー」です。

コロナ禍になる前には、その年の夏にパリのサン・ジェルマンにある本店に行くつもりでしたが、日本に上陸しているということで、東京・代官山店に出かけてみました。階段を少し下りて入った店内は、クラシカルなフランスの雰囲気いっぱい。それだけで、お買い物のひとときが素敵なものになりそうです。

私が選んだ水性香水は、オレンジの花と葉の香りの「オー・トリプル フルール・ドランジェ・ドゥ・ベルカンヌ」（75㎖　20350円）。

自分へのプレゼント用にと伝えると、スタッフの方がラベルシールにカリグラフィーで名前を書いてくださいました。こんな気のきいたサービスがあるなんて、フランスのエスプリを感じます。
香りもさまざまな種類がありますが、スキンケアのアイテムも豊富。ボトルデザインも美しいボディオイル「ユイル・アンティーク ローズ・ドゥ・ダマス」（190㎖ 6600円）も、お気に入り。
好きな香りに包まれて、家での時間がますます楽しくなりました。

50〜88ページまでの商品価格はすべて2023年4月現在の税込み価格です。変更になる場合がございますので、ご了承ください。

美しいラッピングにひかれて、自分でも書けるようになってみたくて、独学でカリグラフィーを始めました。

シールに書かれた素敵な色の優雅な書体は、カッパープレート体。インクは炭から抽出した天然色素で作られている深みのある色。

オフィシーヌ・ユニヴェルセル・ビュリー代官山店
東京都渋谷区恵比寿西1-25-9
☎03-6712-7694
https://buly1803.jp

5 Kei

工夫することが好き

よい道具や素敵な雑貨が好き。それを工夫して使いこなすことは、もっと好き。

昔、社宅に暮らして子どもが小さかったころ、住まいの気になるところがあったり、欲しいものがあっても値段が高いときは、まず「なんとか工夫してできないかしら」と考えていました。

そのころはまわりにお店も少なく、今と違ってインターネットもなかったので、何でも自分で工夫するしかない時代でした。いわば、必要に迫られて工夫することを身につけていったともいえます。

けれど、そうしていくことで、しだいに自分の世界ができ上がっていったような気がします。それは、今思えば、とても貴重な時間。

お気に入りのお店を見つけるのも大変だったので、いろいろ調べて見つかったときはうれしくて何度も通ったものです。だから、自分で調べて足を運んで、実際に見て選ぶことが好き。そうして選んでわが家に迎えたなら、存分に活躍させたい。わが家なりの使い方を見つけるのもまた、ものとの素敵なつき合い方です。

愛用のガラスポット

直径９×高さ９㎝、容量約200㎖のポットは、実は中国茶器。このサイズを見つけるのに、横浜中華街のお店を７軒もまわりました。探すとなかなかないもので、２〜３人用だったり、金属の茶こしがついていたり。私としては、シンプルにガラスだけの、手のひらにのる１人用。これがきれいだと思うのです。

ポットのふたと本体は、麻糸を三つ編みしたひもでつなげて落下防止の工夫を。ボディと注ぎ口の間がガラスのこし器なので、茶葉が流れ出ません。「悟空茶荘」で購入。

フランスの老舗ガラスメーカー「アルク」のジャムジャーは、300㎖と420㎖の2サイズ。専用キャップは赤と白の2色あり(耐熱ガラスではありません)。

愛用の保存容器

25年前に初めて手に入れてから、買い足しつづけて50個以上にもなったガラスのジャムジャー。中身がひと目でわかって、匂いが移らず、磨けば何年たってもピカピカに保てるのが愛用の理由です。開閉がラクなふたで、片手で持てるサイズ感、重ねられて収納にも便利です。お手ごろなのもありがたいですね。

キズがついたものはキャンドルホルダーに。グラスとしてフルーツとレモネードを注いでも。

フルーツをカットして冷蔵庫に入れておけば、そのまま食卓へ。息子家族へのおすそ分けを持っていくときも、これが活躍。ふたの色はすべて白で統一。

冷蔵庫の中は

２章の「暮らしの習慣」に書いたように、冷蔵庫の中にはラベリングした保存容器がずらり。そのために、キッチンにはペンとはがせるラベルシールを常備しています。三度の食事をなるべく彩りよく、複数の食材を使って作るためにも、野菜をまとめてゆでておくと、手間が省けて重宝しています。

市販の調味料の容器や、ドリンク類のボトルにも忘れずラベリング。いつ開封したのかも書いておきます。冷蔵庫の中は定期的に拭き上げて、清潔を心がけて。

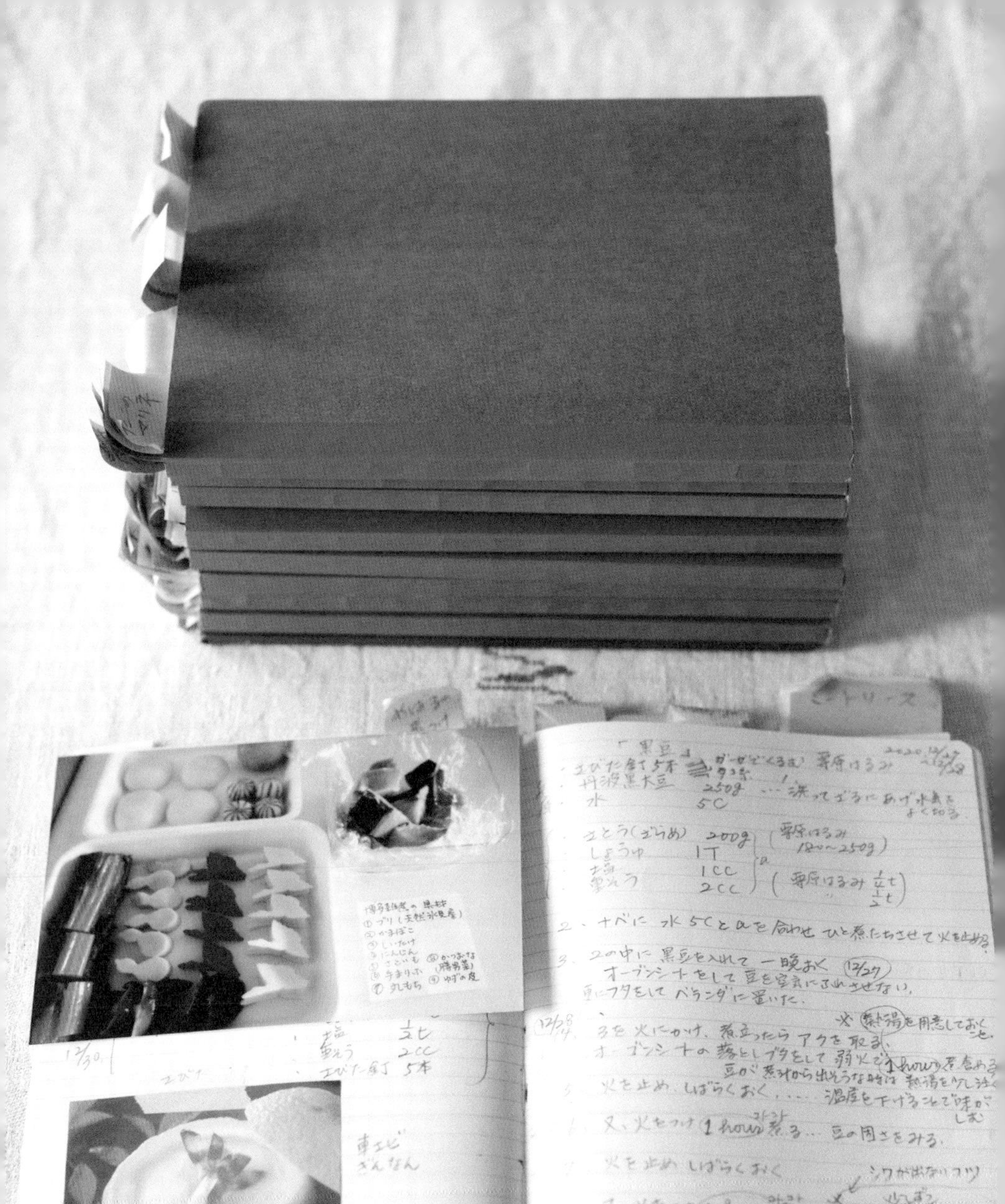

レシピを書きためた料理ノート。「無印良品」のＡ５サイズのノートと決めています。

上／空き缶に、洋書をコピーした紙を木工用ボンドで貼りつけた植木鉢は、底穴をあけているので水はけがいいため、植物がよく育ちます。
下／元気に育った山椒の鉢。

ベランダで育てているもの

眺めて目で楽しむ以外に、薬味として重宝する植物も育てています。九条ネギ、イタリアンパセリ、ローズマリー、ペパーミント、山椒などなど。うどん、パスタ、タケノコ煮、鰻《うなぎ》など、ちょっと薬味が欲しいとき、摘んですぐに飾れる新鮮な薬味は、食卓を豊かにしてくれる大切なお楽しみなのです。

根付きの九条ネギを買い、根から茎を含めて10cmくらいに切った部分を植えておくと、冬でもグングン育ちます。失敗したことも何度もありましたが、繰り返しているうちに大きく育つようになりました。ブドウの大きな鉢の横に植えています。

人を招いてのおもてなしは工夫好きの腕の見せどころ

わが家にお客さまをお招きするときは、お料理はもちろんですが、インテリアのしつらえにも工夫しています。

ダイニングテーブルの上に吊ったシャンデリアには、ベランダのブドウの葉を前日から水につけてシャキッとさせてから絡ませます。ゆっくりと食事を楽しんだあとのデザートタイムには、別のテーブルに場所を変えるのもいいもの。静かなBGMをかけ、リラックスして時間を過ごしていただけるように。

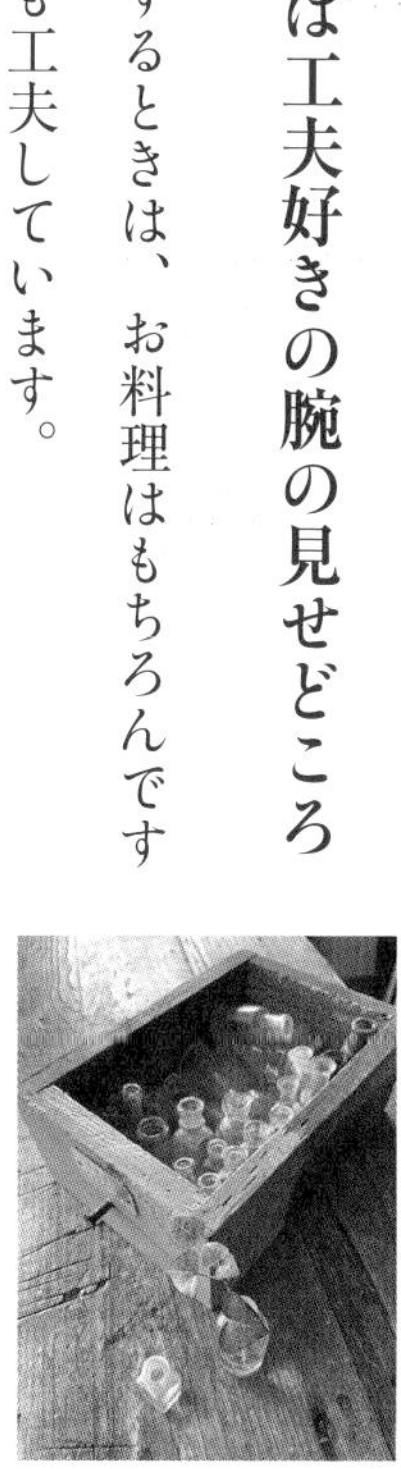

上／少人数なら小さなテーブルに移動して。下／小瓶にいけたグリーン、小さなお手拭きをプレートに添えます。ソースポットのスタンドはワイヤーで手作りしたもの。

ある日のおもてなし

お正月

毎年恒例の、息子たち家族との新年の食事会。白のテーブルクロスに赤と黒のフェルト地を敷き、アスティエの白い器に漆器の黒、和骨董の銘々皿で、寿《ことほ》ぎのしつらえに。（著者撮影）

お菓子の村

プロヴァンスを旅したときに見た村の様子を、ケーキで再現。スポンジケーキをいくつも焼いて、カットしながら屋根や煙突、教会の形に。粉砂糖を振って、雪に見立てて。（著者撮影）

お茶の時間

ウサギの形に抜いた羊羹《ようかん》の大きさを変えて、こんなふうにお出しすると喜ばれます。お正月のあしらいにも欠かせないので、縁起物の抜き型もたくさんもっています。

もっているものは仕立て直して、長くつき合います

興味をひかれるものに出会うと、「これは、どうやって作られているんだろう」と、まず想像してみる。そして次に、身の回りにあるもので作ることはできないかしら、と考えます。一から作ることもあれば、手持ちのものに手を加えることも。新たな出会いもうれしいけれど、思い出の詰まったものと長くつき合っていくのも、かけがえのないことだと思うのです。

少しずつ形を変えながら、暮らしに寄り添うように手をかけると、わが家だけの家具や道具が育っていくような気がします。

白だったクロゼットの扉を、「F&B」社の塗料で塗り替え。トールペイント用の2cmの平筆1本ですべてを塗ります。30数年前に購入した「ペニーワイズ」の椅子は、もう何度も塗り替えました。

上／大切にしていた布をはぎ合わせた、スカラップが可憐なエプロン。好きなものが昔から変わらないからこんなリメイクも楽しいもの。右／ワイヤーで左側にポケットをつけたかごは、南仏のスミレの村、トゥーレット・シュルルーでスミレを摘むときに使われるかごをイメージして。背の高いボトルが立てられるので、化粧品入れとして愛用しています。

装いも自分らしく工夫して

装いで心がけていることは、自分に似合うものを身につけることと、清潔感。私は一年をとおして、洋服の素材はリネンを選んでいます。肌触りや着心地が好きなのです。そこに自分らしさをプラスするために、小さなレースをあしらうのが好き。フランスの蚤《のみ》の市などで見つけたアンティークレースを集めているので、インスピレーションがわくと、手持ちの洋服や小物に縫いつけてオリジナルデザインにしています。美しいレースを衿ぐりや胸もとにさりげなく、がポイント。

上／リネンのロングコートにアンティークのチュールレースを縫いつけて、ほどよくフェミニンに。スミレのコサージュも手作り。下／がま口ポーチにレースをプラス。ベージュのショールは、夫のセーターをほどいて、レースで端を縫ったもの。レースは生成り色を選んで、合わせたときに浮かないようにしています。

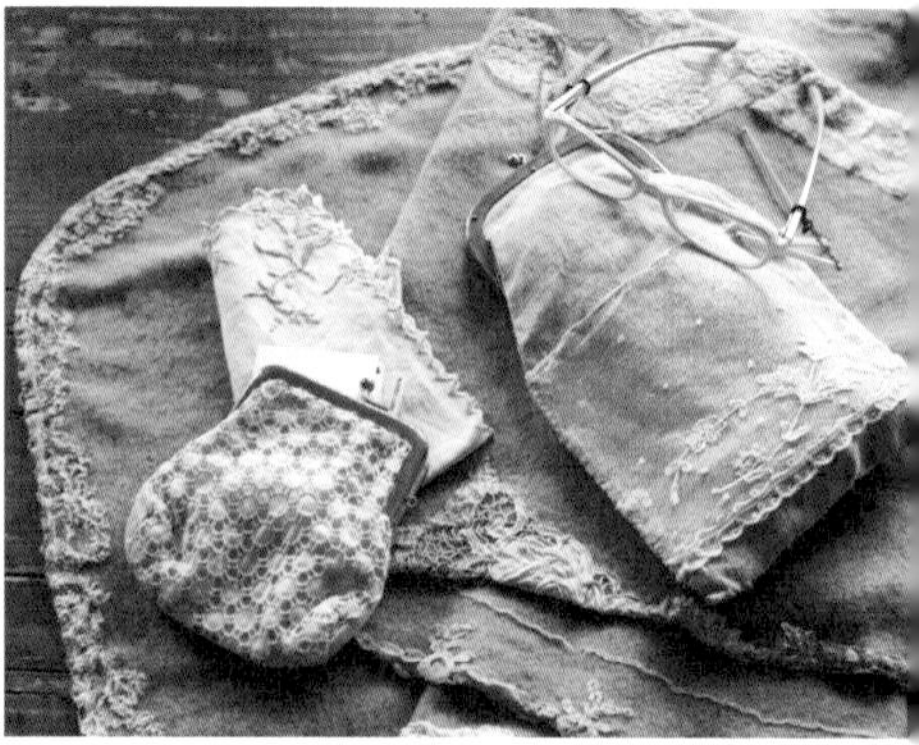

好きなものが、自分らしい住まいをつくります

キッチンの隣がアトリエスペース。家事の合間にここで書き物をしたりしています。アンティークのチェストは、パリの蚤の市で購入したもの。さまざまな道具を収納しています。

ウォールミラー　まるでアンティークのような趣の鏡は「サラグレース」のもの。ふとした瞬間に目をやると、鏡に映った景色が新鮮で。毎日見慣れているものも、美しいフレームに切り取られると、いつもと違って見えるから不思議。

アトリエのチェストにいっぱいに詰まっている小瓶たち。アンティークショップで少しずつ買い集めたものです。窓辺やちょっとしたところにグリーンを飾るのに、なくてはならない宝物。

6

Kei

これからしたいこと

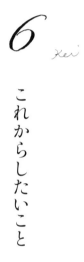

南仏プロヴァンスのラベンダー畑にて。この景色
をぜひ見たかったので、本当に感動しました！

2013年の南仏プロヴァンス旅行でも訪れた、リュベロン地方のラコスト村。石畳の趣あるたたずまい。

一番にしたいことは、旅

ここ数年のコロナ禍によって、行きたかった旅行を延期していました。何度訪れても、また行きたくなるフランスの田舎への旅です。

フランスの旅は旅程も長いので、準備にも余念がありません。行き先の情報を調べるのはもちろん、荷造りも念入りに。

私の洋服の荷造りは、1日分ずつ着る服を袋にセットするという方法。たくさん集まったお気に入りのお店のショップバッグに、ブラウス、スカート、上着といったコーディネート一式を入れて、日程分を用意しておくのです。そのほか、寒さ対策の羽織りものやストールなどは、別のバッグにひとまとめ。荷物が多くなってしまうのが難点ですが、スーツケースの中も整理できますし、旅先での一日のスタートがワクワクします。

私にとっては、荷物をコンパクトにする以上に大事なことなのです。憧れの地で存分に楽しむために、旅の支度はしっかりと、その準備の時間も楽しみながら。

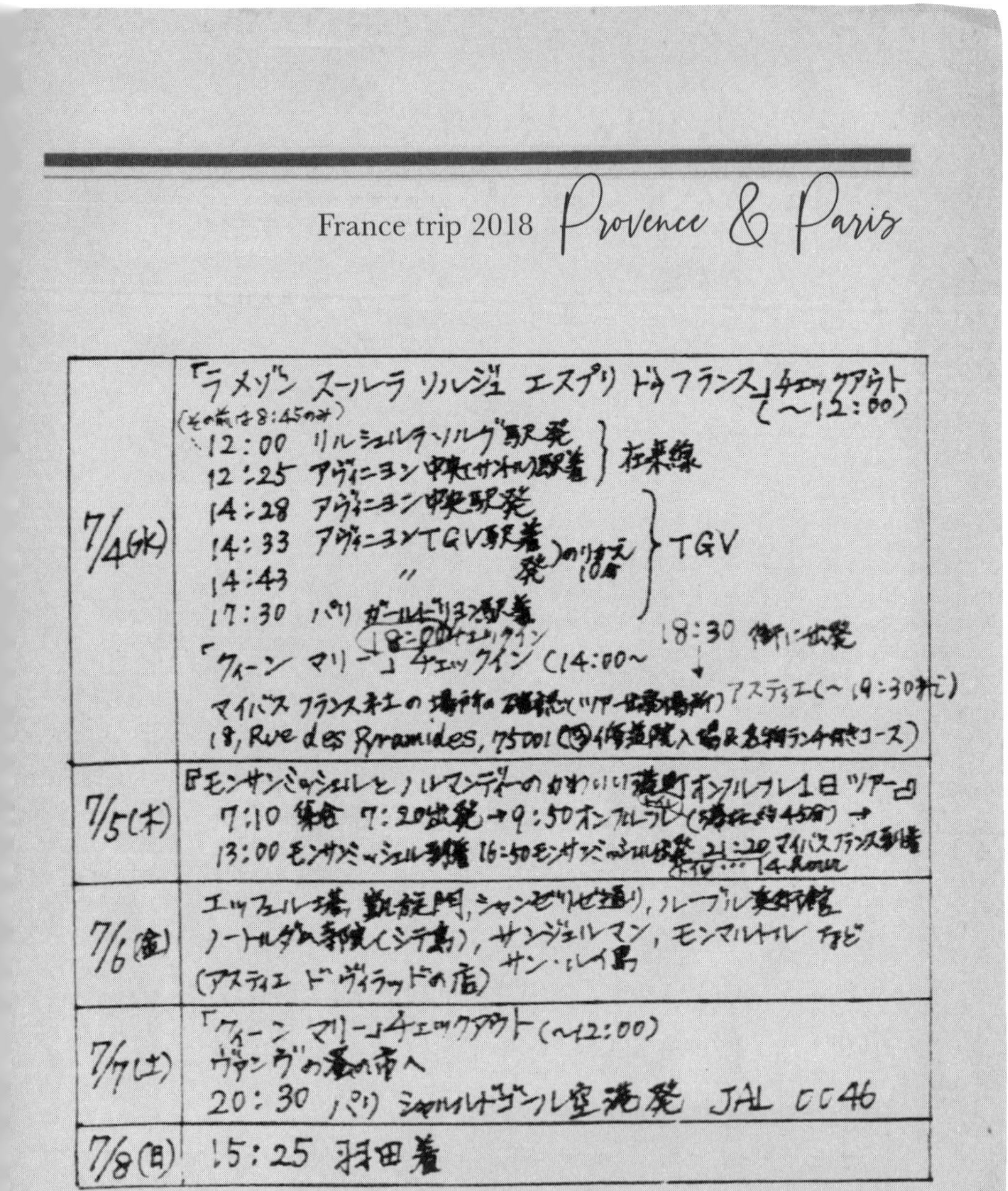
France trip 2018 Provence & Paris

7/4(水)	「ラ メゾン スールラ ソルレジュ エスプリ ドゥ フランス」チェックアウト (〜12:00) (その前は8:45のみ) 12:00 リルシュルラソルグ駅発 12:25 アヴィニヨン中央(サントル)駅着 } 在来線 14:28 アヴィニヨン中央駅発 14:33 アヴィニヨンTGV駅着 14:43 〃 発 } のりかえ10分 } TGV 17:30 パリ ガールドリヨン駅着 (18:20 チェックイン) 「クィーン マリー」チェックイン (14:00〜 18:30 街に出発 マイバス フランス本社の場所の確認(ツアー出発場所) アスティエ(〜19:30まで) 18, Rue des Pyramides, 75001 (日)修道院入場&名物ランチ付きコース)
7/5(木)	『モンサンミッシェルとノルマンディーのかわいい港町オンフルール1日ツアー』 7:10 集合 7:20出発 → 9:50オンフルール(滞在約45分) → 13:00 モンサンミッシェル到着 16:50モンサンミッシェル出発 21:20 マイバスフランス到着 片道…4 hour
7/6(金)	エッフェル塔, 凱旋門, シャンゼリゼ通り, ルーブル美術館 ノートルダム寺院(シテ島), サンジェルマン, モンマルトル など (アスティエ ド ヴィラットの店) サン・ルイ島
7/7(土)	「クィーン マリー」チェックアウト (〜12:00) ヴァンヴの蚤の市へ 20:30 パリ シャルルドゴール空港発 JAL 0046
7/8(日)	15:25 羽田着

旅のしおり　2018年のフランス旅行の行程表。ルートを調べ、乗り継ぎを計算して、時間をなるべく有効に使えるようにプランニングしました。

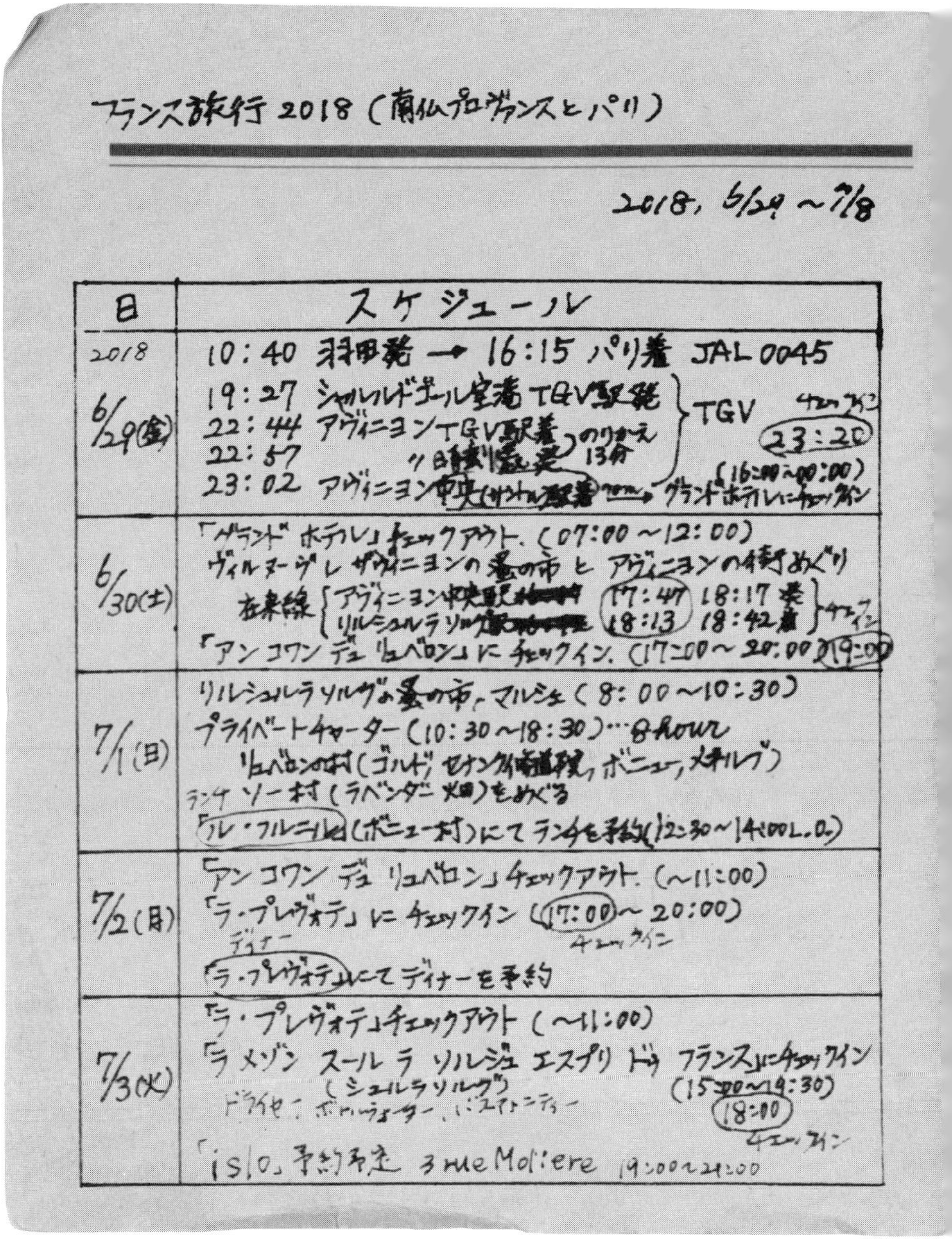

フランス旅行 2018 (南仏プロヴァンスとパリ)

2018. 6/29 〜 7/8

日	スケジュール
2018 6/29(金)	10:40 羽田発 → 16:15 パリ着 JAL 0045 19:27 シャルルドゴール空港 TGV駅発 22:44 アヴィニョン TGV駅着 のりかえ13分 22:57 23:02 アヴィニョン中央(サントル)駅着 } TGV → グランドホテルにチェックイン (16:00〜00:00) チェックイン 23:20
6/30(土)	「グランド ホテル」チェックアウト. (07:00 〜 12:00) ヴィルヌーヴレザヴィニヨンの蚤の市 と アヴィニヨンの街めぐり 在来線 { アヴィニョン中央駅 17:47 18:17 発 / リルシュルラソルグ駅 18:13 18:42 着 } 「アン コワン デュ リュベロン」に チェックイン. (17:00 〜 20:00) チェックイン 19:00
7/1(日)	リルシュルラソルグの蚤の市、マルシェ (8:00 〜 10:30) プライベートチャーター (10:30 〜 18:30) … 8 hour リュベロンの村 (ゴルド, セナンク修道院, ボニュー, メネルブ) ランチ ソー村 (ラベンダー畑) をめぐる 「ル・フルニル」(ボニュー村) にて ランチを予約 (12:30 〜 14:00 L.O.)
7/2(月)	「アン コワン デュ リュベロン」チェックアウト. (〜11:00) 「ラ・プレヴォテ」に チェックイン (17:00 〜 20:00) チェックイン ディナー 「ラ・プレヴォテ」にて ディナーを予約
7/3(火)	「ラ・プレヴォテ」チェックアウト (〜11:00) 「ラ メゾン スール ラ ソルグ エスプリ ドゥ フランス」に チェックイン (15:00〜19:30) 18:00 チェックイン (シュルラソルグ) ドライヤー、ボトルウォーター、バスアメニティー 「isio」予約予定 3 rue Molière 19:00〜21:00

コーディネーター気分で

2018年、初めて10日間のプライベートフランス旅行を企画しました。前のページにのせたのは、そのときの行程表。いわゆる自作の「旅のしおり」です。手書きしたものをコピーし、行き先の地図や路線図もつけて、一緒に旅をするメンバー一人ひとりに配りました。

当時は、スマホで小さな情報を手探りで集めて一つひとつ積み重ね、電車の乗り換えだけでなく、小さな村に向かうために車のプライベートチャーターの予約も。そのかいあって、夫とともに憧れのラベンダー畑へ訪れる夢が実現！「ヴィルヌーヴ・レザヴィニョンのブロカント」「リル・シュル・ラ・ソルグの蚤《のみ》の市」「パリ、ヴァンヴの蚤の市」と、土・日のみ開催の3つの蚤の市を上手にまわる日程を組んですべてクリアできたことも、私の自信になりました。

パリでは、ミシュランで三ツ星を取る直前の「レストランKEI」に行くこともできました。日本語でメール予約ができたおかげですが、その際、シェフとお話しさせていただく機会があり、感動しました。

ふだんから、興味のあること、気になるお店は「情報ノート」に書きとめているので、旅を計画するときは、これが役立ちます。

行きたい場所にたどり着くにはどんな交通手段があるのか、時間はどれくらいかかるのか――。その土地の名物が食べられるレストランは？　予約の方法は？　気をつけるべきポイントは？　などなど、知りたいことは山ほどあります。

本やインターネットでも充分に下調べをして綿密にプランを立てたものの、パリのシャルル・ド・ゴール空港のＴＧＶの駅に電車が時間どおりに来なかったときは、アヴィニョン到着が遅れそうでドキドキしました。

今度のフランス旅行の行き先は

まず行きたいのは、フランスで最も美しい村・サン・シル・ラポピー。

そこまでの行程で、トゥールーズの蚤の市、カオールの古城に宿泊。そして、サン・シル・ラポピー村に宿泊。村にたどり着くまでには、バスを乗り継ぎ、最終的には徒歩で30分ほどかかるのだとか。スマホの翻訳アプリと翻訳機能のあるポケトークも準備万端。経路案内もしてくれるのか実験したいと思います。

南仏のかご祭り

パリから高速鉄道ＴＧＶで2時間ほどの観光名所・アヴィニョンから、さらに車で30分。ヴァラブレーグという小さな村で毎年8月に開催されている、かご祭り。伝統工芸としてかご作りが盛んだったこの村では、年に一度のお祭りでパレードが行われたり、村の人が手作りした伝統的なかごが並びます。

かご好きの私にとっては夢のようなイベント。そして、南仏のおいしいロゼワインやロゼシャンパンを、これも名物の羊のチーズとともにいただく……時には、お昼から飲むのもいいもの。特に旅先なら、最高ですね。

パリにひと月滞在する

市内にのんびりと滞在しながら、週末にはパリ市内の蚤の市に通う――旅するのとはまた異なる過ごし方にも憧れています。それなら、アヴィニョンの隣のヴィルヌーヴ・レザヴィニョンの蚤の市、リル・シュル・ラ・ソルグの蚤の市にも足を延ばせます。そして、道端のあちこちに可愛い花が咲く南仏プロヴァンス。私が好きなルールマランにも、また行けるかもしれない。

カリグラフィーを学んでいるので、パリのカリグラフィー専門店「メロディーグラフィック」に行って、カリグラフィーのオブリークホルダーやペン先、インクを探すのもいいですね。パリ14区のヴァンヴの蚤の市やトゥールーズの蚤の市なら、アンティークのオブリークホルダー、ペン先が見つかるかも。

パリの部屋を短期滞在で貸してくれるシステムや、エッフェル塔が部屋から見えるシタディーヌアパートホテル、パリならではの屋根裏部屋の貸し出しなど、真剣に研究したら、どこか素敵な滞在先があるのかもしれません。

ただ、そんなこんなも、やはり一人では心細い。夫と一緒なのがいちばんラクではあるけれど、長く滞在するとなると飽きられてしまいそうなので、共通の趣味の友人が一緒だといいのですが……。

日常で続けること、したいこと

筋トレを一生続ける

59歳で始めた筋トレも、9年目に入りました。

有酸素運動（ウォーキング）と無酸素運動（筋トレ）を習慣にして、体脂肪を落とす。これに伴って、タンパク質、カルシウムの摂取を心がけることで、効果が出ているのを自分でも実感しています。

海外へ旅することも、行きたいお店を巡るのも、足腰が丈夫で、体力があってこそ。だからこそ、一生続けたいと思っています。

〝居酒屋風おつまみ料理〟を極める

夫の晩酌に添える酒の肴《さかな》を研究して、レパートリーをふやしたい。

私もたまにはワインやシャンパンをいただくので、おいしいおつまみがあったら、うれしいもの。燻製《くんせい》煮卵や燻製チーズにもチャレンジしたくなっています。

釣りが趣味の夫は、アジ、タコ、イカ、イサキ、鯛、メバルなど、たくさんの魚を釣ってきます。うろこ取り、内臓処理は夫が担当。3枚下ろしや刺身は私が担当。おかげで、タコのゆで方やアジの開き作りも上達しました。

刺身や煮つけ、塩焼き、アジの南蛮漬け、タコのマリネなどは新鮮だからこそシンプルでおいしいのですが、魚を使って、もうひとひねりした簡単おつまみを生み出せたら、さらにいい時間が過ごせると思うのです。

自転車でジムへ

お気に入りの電動自転車。前後に取り付けたバスケットは、たくさん入るので買い物にも重宝します。これで、ジムに通うのもラクですし、ひと駅先のスーパーにも気軽に買い物に行けるようになりました。日ざしが気になる季節は、ストローハットをかぶります。

旬の食材を使って おいしい食事とおつまみを

わが家のお味噌汁には、プチトマトを入れることがあります。トマトは生より加熱したほうが栄養価が高くなるので、フライパンで焼いたりお味噌汁に入れるのがグッドなのです。おつまみも食材の取り合わせや、ちょっとした工夫で、おいしいレシピが生まれるはず。

フリマアプリにデビュー

長年、インテリアや手作りの仕事に携わっていたので、多くの家具や雑貨が集まりました。そろそろわが家の暮らしからは卒業かな、と思うものは、どなたかお好きな方にお譲りできたら、と考えています。

そこで、アプリで売買できる「メルカリ」などに挑戦してみたいのですが、アプリは登録したものの、いろいろ考えすぎて勇気が出ず……。初めの一歩がなかなか踏み出せないのです。出品したい本や洋服は準備しているので、いずれチャレンジしたいところです。

好きなものを見つけ、時には作り出して、そのなかで暮らしてきた私にとって、「断捨離をしてすっきり暮らす」というスタイルはしっくりきません。

好きなものと暮らすために、上手に収納して、限られた空間でも心地よく過ごせる工夫をしたい。愛着のあるものだからこそ、もっと大切にしてくださる方がいれば、そこでまた、心地よい空間をつくってほしいと願っています。

５００円玉貯金

友人から５００円玉用の貯金箱をプレゼントされました。丸い穴に５００円玉をはめ込んでいくのが楽しくなる、本の形の貯金箱です。

福岡に帰省するたびに、実家の母に2万円分ほど「タクシー代に使ってね」とがま口に入れて渡します。タクシーを利用して気軽に出かけてほしいから、使いやすいように５００円玉です。孫が遊びに来たときも〝貯金本〟を開いて1枚ずつ（最近は大きくなったので、2枚ほどに……）。母が孫にそうしていたことを真似して、渡しています。

お祝いごとでもないときには、紙幣より５００円玉がちょうどいい。お互いに気兼ねしなくていい金額なので、ずっと５００円玉貯金をしようと思います。

7 Kei

ライフワーク・手作りのこと

Supérieure

ワイヤークラフトの原点

30年前、初めて作った泡立て器とともに、ハニーディッパー、ホイッパー、トングなどをキッチンに飾っています。1本のワイヤーから、こんなにも多彩な作品が生まれました。雑貨作りに没頭している間は、私だけの充実した時間です。

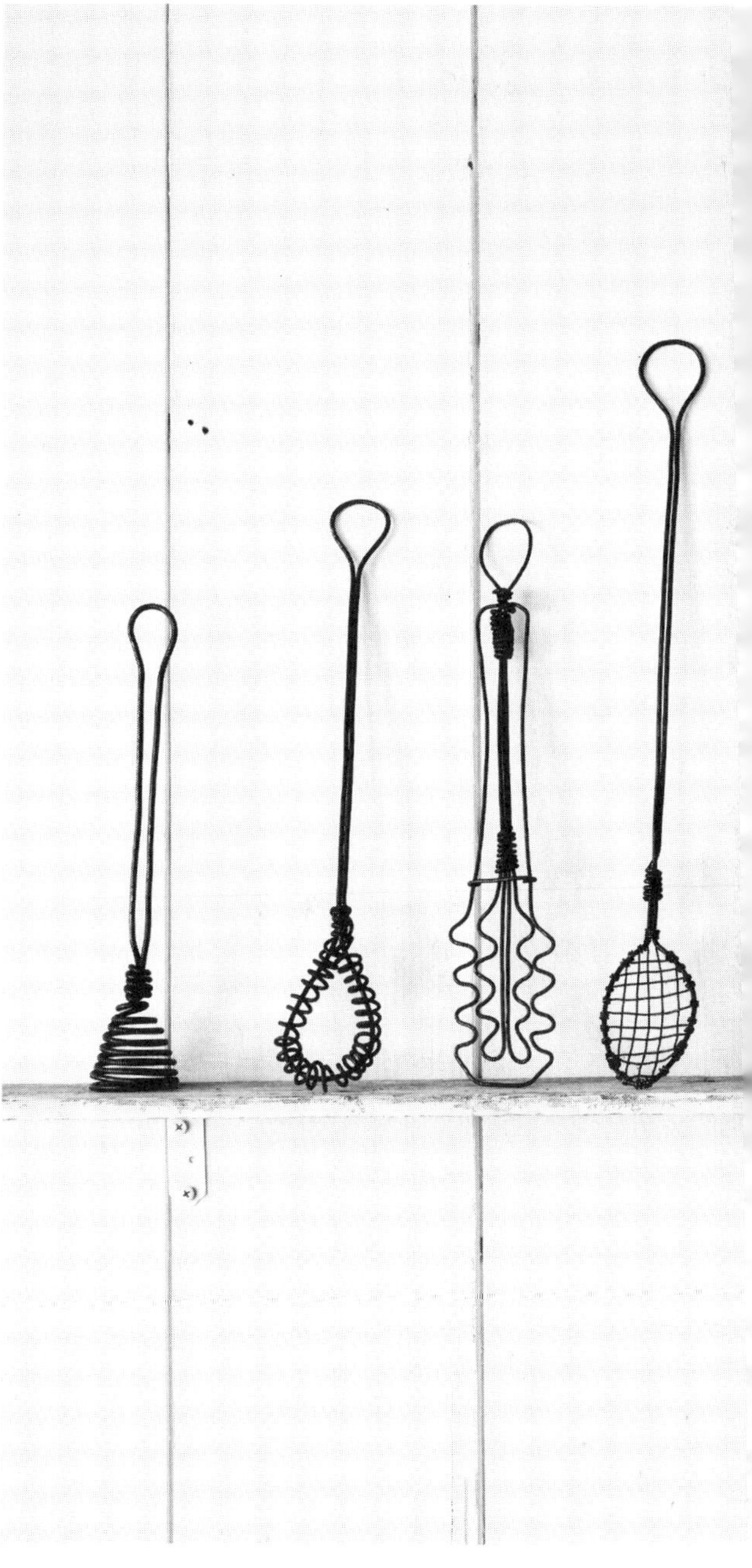

ラジオペンチで先端をカールさせて渦巻きを作ることで、装飾性が生まれます。初めに「ひと筆書きの要領で作れるかも」とひらめいたのです。

父の盆栽からヒントを得たワイヤークラフト

千葉県の行徳に住んでいたころ、近くのホームセンターの片すみにあった盆栽用針金（アルミ製）で、初めてワイヤークラフトを作りました。当時、大好きで通っていたショップ「デポー39」で、高くて買えなかったアンティークのキッチン雑貨を真似して、夢中で作ったのが、私のワイヤークラフトの始まりです。

福岡の父が、盆栽の枝ぶりを調整するのに、その針金を使っていたことから、ピンときたのです。

ラジオペンチで切ったり曲げたりしていろいろ工夫しているうちに、針金と針金を交差させてつなげる「巻き留め」という工程が自然に生まれました。すると平らなものから立体へと幅が広がり、石けんかごやクッキークーラー、エッフェル塔といった複雑な形のものまで作れるようになりました。

いつしか、盆栽用針金はアルミワイヤーというネーミングで店頭に並び、私が作る作品は〝ワイヤークラフト〟と呼ばれるように。NHKの「おしゃれ工房」や「生活ほっとモーニング」の番組に何度か出演させていただき、ご紹介するようになったことで、そのネーミングが定着していきました。

アルミワイヤーはやわらかく扱いやすいため、誰でも取り組みやすいけれど、そのぶん変形しやすいので、注意が必要です。

あるとき、洋書に「ワイヤーオブジェクトの歴史は、壊れた壺《つぼ》やピッチャーを修理することから、17世紀にスロバキアで始まった」と書かれてありました。それには硬く丈夫な針金が使われていて、卵やワインを入れて持ち運ぶかごなど、生活の道具が作られていたことを知りました。

そんなワイヤーの歴史に敬意を感じながら、私が30年近くのめり込んで続けてきたのが、ワイヤークラフトなのです。アルミワイヤーにステンシルで使用していたアクリル絵の具を塗ると鉄の質感が生まれることも発見して、手作り好きの私のライフワークとなっていきました。

3連、4連、5連と壁を利用できるフックは、場所をとらず丈夫で実用的。洗面所用に紫外線カットのメガネ、ホコリよけ&花粉症用メガネ、マスクをかける3連フックを作って、とても重宝しています。

何かひらめいたらすぐに作れるように、アルミワイヤー、ラジオペンチ、アクリル絵の具（ダークブラウン）はいつも常備しています。
これからもライフワークとして楽しんでいきたいと思います。

こちらが3連フック。壁にちょっとかけられる場所があると、実用にもディスプレイ用にも活用できて何かと重宝します。

ないなら作ってみよう

「手作りハンカチ」

カーテンやストール用のリネン生地を少し多めに買って、ハンカチを手作りします。余りを利用するから、いつも正方形とは限らず長方形になることも多い。でも、カフェなどで汚れないように膝の上に広げたり、かごバッグの上にかけるハンカチは、大きめの長方形が案外なじみます。

きれいにそろったミシン目より、手縫いの針目が好きだから、布に触れながらチクチク縫う時間は、私にとって至福のひととき。

手作りシールとラベル

私が愛用しているフランスのかご「ブイリクー」のデザインのシールがあったらいいな、と、ふと思いました。またある日には、カリグラフィーで書かれたフランス語のラベルが欲しい、と。「ないなら作ってみよう」それが私の手作りの原点です。

手紙やプレゼントに貼るためのシールや、瓶、ジュエリーボックスに貼るラベルは、自分にとって必要だから作ってみます。

シールは拡大縮小コピーでバスケットの大きさをいろいろ試したり、ラベルは白い紙よりミルクティーで染めた紙に書いてみると、断然、雰囲気が出ることもわかりました。そんな試行錯誤しながら作る時間が大好きです。

南仏のペリゴール地方で古くから作られているバスケット「ブイリクー」。かつては農作物のキノコを収穫するために使われていました。

わが家にあるバスケットの写真をコピーした手作りシールは、たくさん作っておいて、手紙や贈り物の封に使っています。

「工作好き」と友人からよく言われます

イラスト、カリグラフィーは自己流です。習ったことはありません。布花やワイヤーのレッスンのために、プロセスを図解にして、鉛筆で下書きしてペンで清書したプリントをよく作成していたことが練習になったと思います。

わが家には「何かに使えるかも」と、捨てられない材料がたくさんあります。10代のころのお気に入りの洋服は仕立て直してカーテンになり、丈夫な空き箱は洋書風ブックボックスに……。私にとってはどれも立派な材料で、思い立ったら、まずは身の回りのもので始めてみるのです。

何度も塗り直した家具は、昔よりもずっと風合いがやさしくなり、今もお気に入りが並ぶ、わが家の特等席。少しずつ形を変えながら、いつも暮らしに寄り添ってくれるよう手をかけると、愛着もよりいっそうです。

この本の製作にあたり、イラストとラベルを手描きしました。本のカバーに使っているのが、ミルクティー染めの色です。

手作りがたくさんの出会いをくれました

学生時代、美術部で陶芸を始め、ＯＬ時代は仕事帰りに高取焼の陶芸教室に通い、結婚してからも実家に子どもを預けて通いつづけるほど、器づくりに熱中しました。同時に料理も習っていたので、自分で作った器に料理を盛りつけたい、それが当時の夢でした。

ある日、ベビーカーに息子を乗せてのぞいたチョコレート屋さんに飾られていたのが布で作られた花でした。これなら子育てしながら自宅で取り組めるかも、子どもたちが成長したとき、私も成長していたい――。そんな思いもあって、興味を抱いた布花の創作に没頭する毎日が始まりました。

外に出て働くより、家で子どもたちを「お帰り」と迎えられる仕事ができたらと、自宅のリビングで布花教室「グリーングラス」を始めました。

レッスン料は1回５００円、生徒さんは社宅の友達3人のスタート。六本木で個展を2回開催したころから生徒さんがしだいにふえていきました。ステンシルやワイヤークラフトも教えるようになり、地域の幼稚園や小学校、婦人会の1日教室などに呼ばれて、車の後ろにアクリル絵の具やラジオペンチなどの道具を積んで教えに行き、たくさんの方々と接する機会を与えていただきました。息子のクラスメートを招いて無料でステンシルを教えたとき、子どもたちが生き生きとステンシルを楽しむ姿が印象的で、私も楽しかったのをよく覚えています。

雑誌やテレビに出していただくようになると忙しい日々が続いて、睡眠時間が少なくなり、その日のうちに寝ることがありませんでした。

青山のNHK文化センターをはじめ全国に出かけ、布花やワイヤークラフトのレッスンをしました。参加人数が多くて私一人では対応できず、一緒に各地をまわってずっと私をそばで助けてくれたのは幼稚園のママ友でした。もちろん、夜中の1時、2時までレッスンの準備をしていても、私がしたいようにさせてくれた夫の寛容と協力のおかげもあります。

「自分で作ってみよう」と始めたことが、いつしか私の世界を広げてくれました。好きなものがあることは、幸せなこと。手作りレッスンやサイン会に参加してくださった、たくさんの方々とご縁をいただいたことは、私の宝物であると同時に、お一人お一人から学ばせてもらうことがたくさんありました。

お会いしたことがなくても、遠くからそっと励ましつづけてくださる方々ともつながっている気がしています。手作りの活動をしていなければ、出会うことがなかったすべてのみなさまに、心から感謝しています。

そのことを、この本のなかでお伝えできたらうれしいです。

直筆イラスト

この本を手に取ってくださったみなさまに、何かにお使いいただけるようにと考えて、イラストを描きました。下のイラストは、このページをコピーして、メッセージカードなどにいかがでしょうか。「Fraise des bois」はフランス語で森のイチゴ。野イチゴを摘むバスケットを添えてみました。

【野イチゴとバスケット】

メッセージを書いていただけます

【かご２種】

133ページの写真のシールはバスケットの写真をコピーしたものですが、こちらはイラストにしました。どれも私のお気に入りのバスケットです。

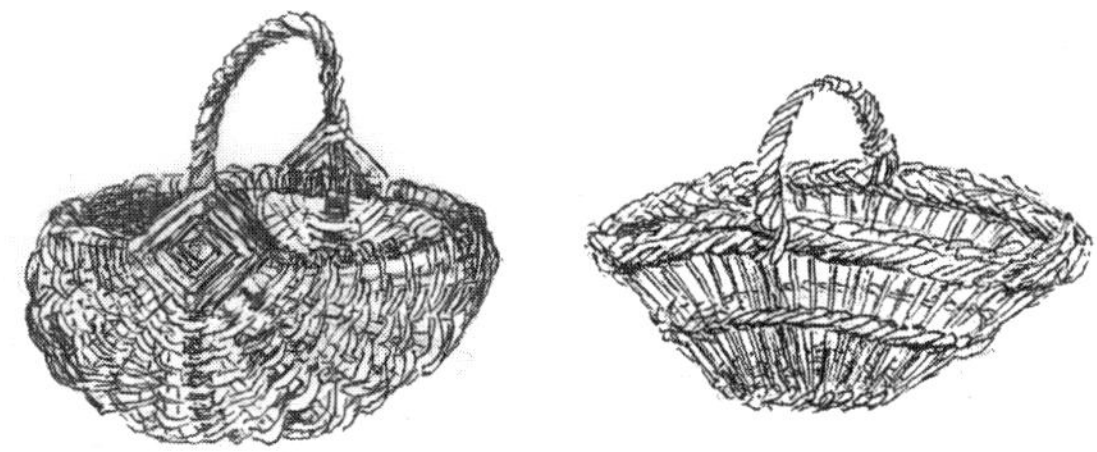

【マリー・アントワネットの靴】

以前、オークションで高額で競り落とされて話題になったマリー・アントワネットの靴。フランス好きな私にとって、ロマンチックで大好きなモチーフです。

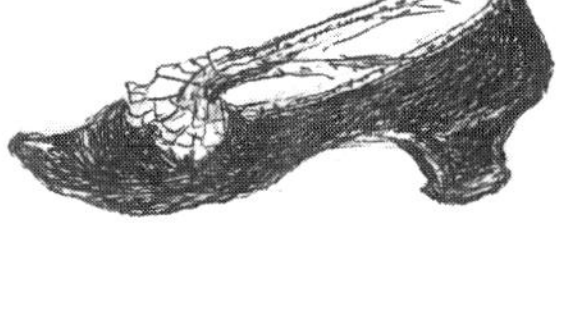

カリグラフィーで書いた
アンティーク風ラベル

薄めのミルクティー液で染めた紙に、クルミのインクで書いたカリグラフィーのラベル。お手持ちの空き瓶などに貼ると、アンティークの趣が出ると思います。いろいろな言葉を連ねてみましたが、左ページの「いつも笑顔で」は、みなさまへのメッセージとして書きました。お役立ていただければうれしいです。

ミュゲ「スズラン」

「ローズ」

「ミモザ」

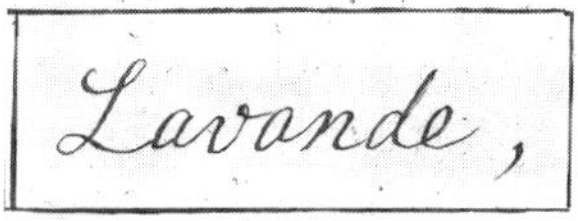

ラヴァンド「ラベンダー」

【花の名前】

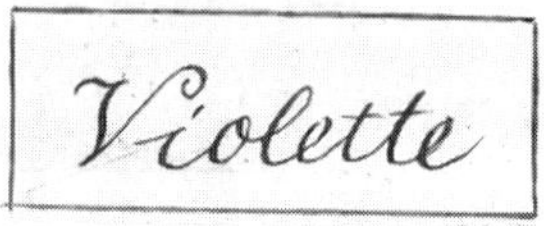

ヴィオレッテ「スミレ」

「オリーブ」

フィグ「イチジク」

「リラ」ライラック

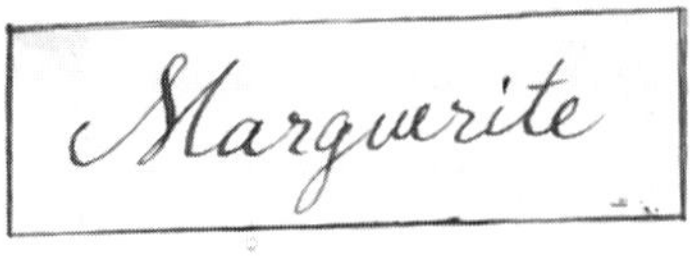

マルグリット「マーガレット」

リス「ユリ」

ローズ アンシェンヌ「オールドローズ」

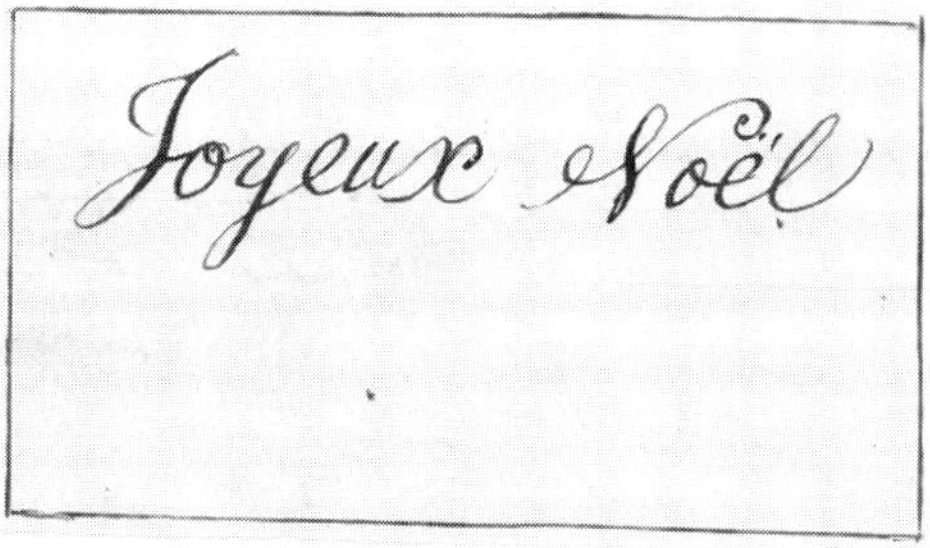

ジョワイユ ノエル
「メリークリスマス」

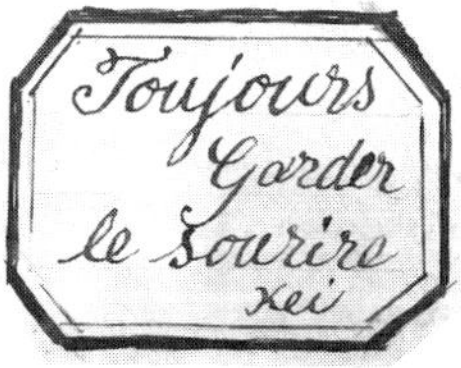

トゥジュール ガルデ ル スリール
「いつも笑顔で」

ル トレフル キャトル フィユ
「四葉のクローバー」

【ラベル2種】

トレフル
「クローバー」

オー ドゥ パルファン チュベローズ フランス
「チュベローズの香り
(フランスの香水瓶のラベルをイメージして)」

メルシー
「ありがとう」

おわりに

主婦と生活社の編集者・藤井さんから、「青柳さんのことを知っている方にも知らない方にも、今の青柳さんをお伝えしましょう！」と、この本のお話をいただきました。

その熱意と実行力のおかげで、私にとって12年ぶりの12冊目を出版していただくことができました。

タイトルに68歳という年齢があり、私は70代という節目を目前にしていますが、実際のところ60代、70代はまだまだだと、気にしていません。

なぜなら、私が通うジムの筋トレ仲間には、80代、90代のハツラツとされているお手本の方が何人もいらして、これからの心がけや健康意識を高くもつことを学ばせてもらっているからです。

この本では、私の好きなもの、長く愛用しているもの、続けている習慣、家族のことを書いておりますが、美的センスあるフォトグラファー・宮濱さんが撮影してくださった美しい写真にも注目してくださいい（私のフォトも交ざっています）。

年齢に縛られないでみずみずしい感性をもち、笑顔を絶やさない。歳をとるということは、生きているからこそですものね。

この本作りでお世話になりました高橋さん、藤井さん、深山さん、校閲の別府さん、重さん、デザイナーの中川さんに心よりお礼申し上げます。

また、レッスンやトークショー、サイン会でいつも私を支えてくださっている高崎さん、ありがとうございます。

そして何より、この本を手に取ってくださいましたお一人お一人のみなさまに感謝申し上げます。ありがとうございました。

青柳啓子

STAFF
撮影／宮濱祐美子　青柳啓子
デザイン／ohmae-d（中川　純）
校閲／別府悦子
編集／藤井瑞穂

本書の一部は『私のカントリー』に掲載した記事をもとに再構成しています。

68歳。今も変わらず好きなもの

著　者　青柳啓子
編集人　東田卓郎
発行人　倉次辰男
発行所　株式会社 主婦と生活社
〒104-8357 東京都中央区京橋 3-5-7
https://www.shufu.co.jp/
編集部　03-3563-5455　FAX 03-3563-5273
販売部　03-3563-5121
生産部　03-3563-5125
製版所　東京カラーフォト・プロセス株式会社
印刷所　凸版印刷株式会社
製本所　小泉製本株式会社

ISBN978-4-391-15974-5

※本書記事中の本文の価格表示は、2023年4月現在の税込価格です。変更になる場合がありますので、ご了承ください。